AF893655

La vuelta al mundo de un forro polar rojo

Pequeña historia de la gran globalización

LAS TRES EDADES

Y DIJO LA ESFINGE:
SE MUEVE A CUATRO PATAS POR LA MAÑANA,
CAMINA ERGUIDO AL MEDIODÍA
Y UTILIZA TRES PIES AL ATARDECER.
¿QUÉ COSA ES?
Y EDIPO RESPONDIÓ: EL HOMBRE.

1.ª edición: octubre de 2017
6.ª edición: marzo de 2025

Todos los derechos reservados.
Cualquier forma de reproducción, distribución, comunicación pública o transformación de esta obra solo puede ser realizada con la autorización de sus titulares, salvo excepción prevista por la ley. Diríjase a CEDRO (Centro Español de Derechos Reprográficos, *www.cedro.org*) si necesita fotocopiar o escanear algún fragmento de esta obra.

Título original: *Die Weltreise einer Fleeceweste*
La edición alemana original ha sido publicada
por Bloomsbury Kinderbücher & Jugendbücher
En cubierta: adaptación de un diseño de cubierta de Rothfos & Gabler, Hamburgo, con las fotografías de © Corbis, Ullsteinbild y Getty Images
Colección dirigida por Michi Strausfeld
Diseño gráfico: Gloria Gauger
© 2008 Berlin Verlag GmbH, Berlín
© De la traducción, María Condor
© Ediciones Siruela, S. A., 2010, 2025
c/ Almagro 25, ppal. dcha.
28010 Madrid. Tel.: + 34 91 355 57 20
www.siruela.com
ISBN: 978-84-17151-98-0
Depósito legal: M-30.020-2017
Impreso en Cofás
Printed and made in Spain

Papel 100% procedente de bosques gestionados
de acuerdo con criterios de sostenibilidad

Wolfgang Korn

La vuelta al mundo de un forro polar rojo

Pequeña historia de la gran globalización

Traducción del alemán de María Condor

Ilustraciones de Birgit Jansen

Siruela
Las Tres Edades / Nos Gusta Saber

Índice

La vuelta al mundo de un forro polar rojo

La vuelta al mundo de un forro polar rojo

Capítulo 1

Cómo el forro polar se convirtió en protagonista

¡No fue un flechazo, no! Un forro polar de color rojo vivo le quedaría bien quizás a una niña o a un hincha del Bayern de Múnich, pero no a un periodista de pelo en pecho y seguidor del Borussia de Dortmund.

Cuando vi por primera vez aquel chaleco en los grandes almacenes X, lo dejé a un lado inmediatamente. Me hubiera gustado un chaleco marrón, también hubiera valido beis o, si no había otra alternativa, incluso azul. Pero de mi talla solo tenían el rojo.

Fue a finales del otoño de 2005, yo tenía poco tiempo para andar buscando por otras tiendas, pues estaba en la fase final del proyecto de un libro. Y como el anticipo de la editorial se me estaba terminando, tampoco tenía dinero para comprarme un chaleco de marca. Se acercaba el largo invierno, durante el cual, para acabar el libro, iba a tener que pasar entre ocho y diez horas diarias delante del ordenador, en mi fría habitación. Si no quería quedarme congelado en mi silla de oficina, era preciso hacer algo. Así pues, tras dos visitas a los grandes almacenes y una rebaja en el precio, me lo llevé.

Bueno, ¿quién se hubiera imaginado entonces que un día iba a escribir un libro entero sobre aquel chaleco?

*

La idea para este libro se me ocurrió así: mi editor quería un libro sobre la globalización; yo tenía una buena idea desde hacía ya tiempo, pero me faltaba un protagonista adecuado. Para tranquilizar a todos, anuncié que en Navidad tendría al protagonista de mi relato. Un objeto que nos llevara por todo el mundo a una velocidad de vértigo: Asia, Europa, África, viajes en barco a través de los océanos.

Pasado algún tiempo, un día miré el calendario y me llevé una sorpresa al ver que estábamos ya a 21 de diciembre de 2007. Para tomar por fin una decisión, al día siguiente organicé un curioso *casting*. Mis candidatos no eran cantantes ni bailarinas, sino los sirvientes mudos que nos hacen más fácil y divertida la vida cotidiana: el tostador, el ordenador, el reproductor de MP3, la aspiradora, la panificadora o el televisor.

¿Cómo podemos reconocer el talento viajero de estos objetos? El primer punto de referencia es el país donde han sido fabricados. Esto se puede averiguar por las pequeñas etiquetas que llevan pegadas o impresas en alguna parte. ¿De dónde procede, por ejemplo, mi tostador? De Hong Kong. ¿Y el despertador? De China. ¿De dónde viene el ordenador? En el mío pone *Assembled in Taiwan* (montado en Taiwán). Hasta algunos libros escritos en mi idioma han sido producidos en el extranjero. Por ejemplo, mi atlas está impreso en Eslovenia. ¿Y el hervidor? ¡Excepcionalmente, procede de Alemania: *Made in Germany*! Esto solo rara vez sucede. Es tan infrecuente que el fabricante lo destaca.

Pero el país donde se fabrican los objetos no es más que una etapa de la historia de su vida. Su viaje completo abarca desde la obtención de las materias primas hasta el destino final, en el vertedero o donde sea.

Así pues, volvamos al *casting*: tengo pocos candidatos interesantes y un favorito secreto: mi ordenador portátil. Es de una marca americana, el procesador se manufacturó en Múnich, el montaje se realizó en Taiwán. La verdad es que parece todo muy prometedor.

Pero sigo sin poder decidirme. Quiero contar la historia de ese objeto desde que se obtiene la materia prima hasta el desguace o la reutilización. Y si elijo un objeto que se compone de muchas piezas, tendré que extender la búsqueda en muchas direcciones a la vez. Eso me resultaría muy fatigoso y me exigiría mucho tiempo, y encima su lectura sería aburrida. Aplazo la sesión para el día siguiente, el 23 de diciembre...

Al día siguiente estoy sentado en el salón, delante del televisor. Como todos los años antes de Navidad, hay muchos reportajes sobre personas necesitadas: sin techo, pobres, inmigrantes.

Uno de estos reportajes trata sobre los inmigrantes africanos que navegan por el Atlántico en pequeñas pateras para llegar a las islas Canarias. Más de sesenta personas habían pasado diez días apretujadas en un bote, aguantando el mal tiempo y sin agua potable. Unas imágenes dramáticas que un turista captó con su cámara de vídeo: los refugiados se desploman en la playa. Un breve primer plano: un joven con un chaleco rojo vivo.

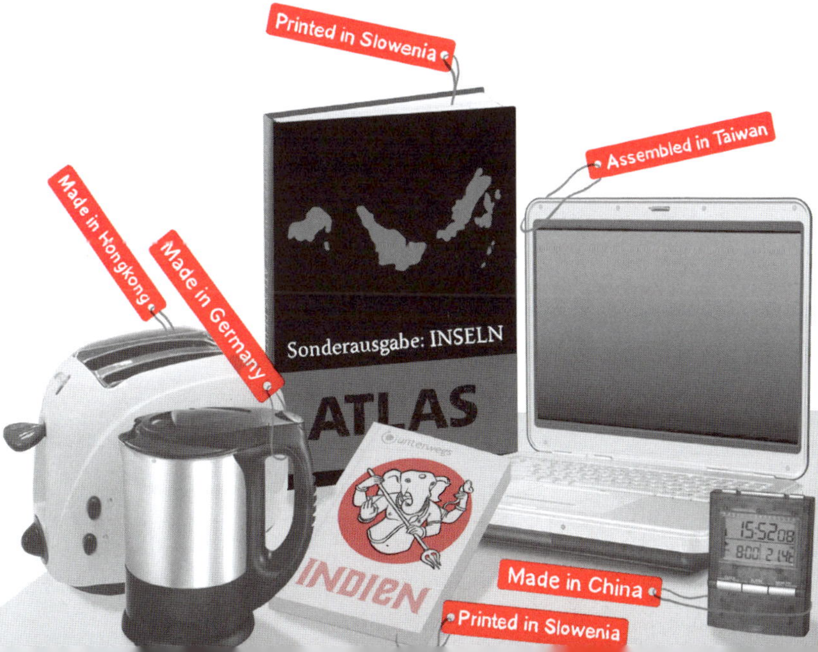

Un chaleco rojo: en mi cabeza suena una alarma. ¡Alto! ¿No podría ser ese mi forro polar de color rojo vivo?

Porque yo había metido hacía unos meses un chaleco exactamente igual que aquel en el contenedor de ropa usada que hay cerca de mi casa, en Hanóver. Y mucha de esa ropa –hace poco lo he leído– se envía a África y se vende allí.

Creo incluso haber reconocido «mi» mancha de vino tinto en el lado izquierdo. ¿O era en el derecho? ¿O fue solo por la mala calidad de la imagen? No puedo concentrarme en nada como es debido en todo el día. ¿Era mi chaleco? ¿Pudo ser mi chaleco?

Por la tarde le cuento a mi novia lo del chaleco que llevaba el joven inmigrante.

–¿En serio crees que era tu chaleco? –me preguntó.

–No tengo ni idea –contesté.

–Pero esos chalecos se producen en masa hoy en día.

–Sí, claro. No sé si era mi chaleco. El mío no tenía ninguna característica especial, aparte de la gran mancha de vino. Por esa mancha quisiste tú que lo tirara.

–¡No querrás coger un avión a Tenerife ahora para visitar el centro de acogida de inmigrantes, a ver si lleva la mancha!

–¡Qué tontería! A ver de dónde iba a sacar el dinero para eso. Y además, tampoco tendría sentido. Después de semejante viaje por el Atlántico, el chaleco estará tan hecho polvo que «mi» mancha será una entre muchas.

–Gracias a Dios. Esa gente se ha librado de la muerte por los pelos, y tú buscando tu chaleco.

Pero para mí no se trataba de eso, qué va. Yo no necesitaba saber con certeza si era mi viejo forro polar o no. Lo decisivo era la idea de que pudiera ser el mío.

Después de ver el forro polar rojo en la televisión, dejó de preocuparme una cuestión: ya no tenía que dar más vueltas a quién iba a ser el personaje principal de mi historia. Mejor que un portátil o un despertador, la azarosa historia de mi chaleco mostraría cómo, en la actualidad, todo guarda relación con todo.

¿Cómo es que un africano va a la deriva por el Atlántico con un forro polar rojo que viene de un contenedor de ropa usada alemán? ¿Cómo llegó ese chaleco a África? ¿Dónde se fabricó? ¿De dónde procedían las materias primas? ¿Por qué los habitantes de los países pobres abandonan a centenares sus pueblos y tratan de llegar a los países ricos en pequeñas embarcaciones? ¿Por qué son tan pobres sus países? La respuesta es: ¡la globalización!

El término «globalización» deriva de «globo», una esfera que recrea nuestro planeta y en el que están representados todos los países y mares. En 1983, el profesor de economía Theodore Levitt, americano pero nacido en Alemania, buscó una palabra para describir hasta qué punto toda la actividad económica del mundo es interdependiente hoy en día. Nunca antes había habido tanta gente intercambiando tantas cosas en todas las direcciones del planeta. Y no solo objetos, sino también ideas, moda, música... y, sobre todo, dinero. Ya nadie se dedica a afanarse para él solo, pensaba Levitt; ni siquiera un pequeño campesino de África. La manera en que nos relacionamos, lo que producimos y com-

¿CÓMO PODEMOS RECONOCER LA GLOBALIZACIÓN?

El 70% de los encendedores que utiliza la humanidad proceden de una sola provincia china, Wenz Hou. Desde allí se envían a todo el mundo.

Cuando los estadounidenses tienen hambre por la noche y llaman a una determinada pizzería para pedir una pizza de atún con doble de queso, un centro de atención de llamadas de la India anota el pedido y lo envía por internet a la correspondiente sucursal en Estados Unidos.

Los cangrejos del mar del Norte se congelan nada más pescarlos. Los recoge en el puerto un camión frigorífico que atraviesa Europa y llega a Marruecos cruzando el Mediterráneo en un transbordador. Allí se pelan y se mandan otra vez a Alemania. Resulta increíble, pero los vendedores de cangrejos de Alemania, las pizzerías americanas y los vendedores de mecheros en todo el mundo se ahorran mucho dinero de esta manera. Al fin y al cabo, los costes salariales en los países menos desarrollados no llegan ni a la décima parte de los que se pagan en los países industrializados.

pramos tiene efectos en todas las demás personas del mundo. La economía ya no se limita a un pueblo, a una ciudad o a un país, sino que está extendida por todo el planeta, es decir, «globalizada»: se había dado nombre a la «globalización».

Nochebuena de 2007. Mientras en todas partes se reparten los regalos bajo el árbol de Navidad, yo me siento delante del ordenador y abro un nuevo documento.

Trato de recordar con exactitud cómo era el chaleco. Lo más llamativo, desde luego, era su color: rojo vivo. Era de forro polar. El nombre inglés del forro polar, *fleece*, significa «vellón», y la palabra le va bien, pues es tan mullido como la piel de conejo. Pero no hay que pensar que esté compuesto de fibras vegetales como el algodón, ni de fibras animales como pelo o piel. El forro polar

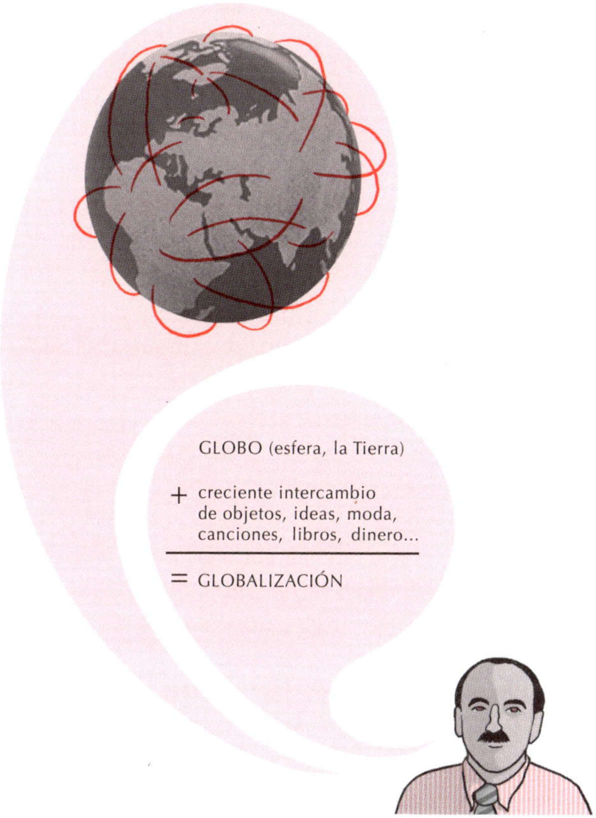

Theodore Levitt

se hace con fibras sintéticas y está fabricado con polietileno, un producto sintético que se extrae de componentes del petróleo.

Pero ¿dónde empieza exactamente la historia de mi forro polar? Allí donde alguien habló de él por primera vez, es decir, donde se encargó su confección.

*

10 de mayo de 2005. La central de la cadena de grandes almacenes X está en la autopista A2 entre Oberhausen y Hanóver, cerca de Gütersloh. Mientras en el exterior brilla el sol primaveral, en la sala de juntas hay tormenta. Los días en que salen los pedidos para la colección de primavera-verano o, como ahora, para la de otoño-invierno son agotadores para todo el equipo.

Por si eso fuera poco, Werner Wittkowski, jefe de compras desde hace años, y Elfriede Unruh, la nueva directora de marketing, no se tragan, ya que Wittkowski no es partidario de los grandes cambios y a Unruh, por el contrario, le gustaría dar más impulso a la cadena de tiendas como sea.

Sobre la mesa, ante el círculo de los reunidos, hay chaquetas de abrigo para hombre y mujer en diferentes materiales: pantalones de tela gruesa, jerséis de lana o poliéster, chaquetas y chalecos de pana y forro polar. Entre las prendas hay montones de folletos con más ofertas. Los textos incluidos en ellos están redactados en un pésimo inglés porque en su mayoría vienen de China.

Desde hace algún tiempo, los fabricantes chinos de tejidos agobian con sus ofertas a los mayoristas y a las cadenas de grandes almacenes de Europa. Y casi todas son claramente más ventajosas que las de la competencia de Bulgaria, Bangladés o Turquía. Por eso, también la cadena de grandes almacenes X ha adjudicado algunos pedidos como zapatos, pantalones de esquí y camisas a China.

–Pasemos a los artículos de forro polar –dice el director comercial. Ahora es cuando Wittkowski va a tener que meter el freno–. Hasta ahora, siempre hemos hecho los pedidos a BGI (Bangladesh Garn International), de Bangladés. Nos ofrecen productos duraderos a buenos precios.

–¡La calidad, señor colega, no es tan importante en este sector! –objeta Elfriede Unruh–. El que las cosas duren cinco años o solo un invierno a los clientes les da igual. Lo único que hace falta es que impresionen. Ya saben ustedes que en el sector textil no hay más que una tendencia: barato, más barato, baratísimo. Los chinos hacen que todas las prendas parezcan de marca, y tiradas de precio.

Wittkowski protesta:

–¡Hasta ahora siempre hemos hecho los pedidos a Bangladés!

–¿Y qué? –replica Unruh.

–¿Es que no tenemos hasta cierto punto un compromiso?

–¡No! Cualquiera puede hacer sus pedidos en otra parte en cualquier momento.

–Pero tenemos un compromiso con nuestros propietarios –interviene el jefe–. Ellos también quieren obtener algo por su participación.

–Y con nuestros clientes –replica Wittkowski–. Ellos quieren buen precio y buenos artículos. ¿Nos entregarán realmente los chinos lo que nos prometen? ¿Cumplirán los plazos de entrega? ¿Seguro que no utilizan tintes tóxicos? BGI lleva trece años entregándonos artículos de una calidad invariable a precios razonables.

–De acuerdo, pues –el jefe impone su autoridad–. Volveremos a encargar este año los chalecos de forro polar a Bangladés.

La secretaria está sentada ante su escritorio, después de la pausa para el almuerzo, haciendo la lista de pedidos. Una vez más, los presenta para la firma del jefe de sección. Luego son enviados por fax directamente a China y a Bangladés.

En ellos figuran, entre otras cosas, mil chalecos cien por cien forro polar, con costuras simples, cremallera central y bolsillos laterales interiores, en los colores beis, azul, gris y marrón.

¡Qué raro! ¡En la lista de pedidos no se dice nada de chalecos de forro polar rojo vivo!

Capítulo 2

La riqueza petrolera de Dubái, o ¿realmente se puede comprar todo con dinero?

Noche del 10 al 11 de agosto de 2005. Están extrayendo el petróleo con el que un día harán mi forro polar.

Pero ¿dónde estamos? En el mar, pero se ve la costa desde aquí. Y aunque es de noche corre sobre el agua una brisa cálida. Y a nuestro alrededor se levantan, saliendo del agua, unos faros que parecen enormes árboles de Navidad. Son plataformas petrolíferas, que extraen crudo las veinticuatro horas del día. También la costa cercana está iluminada en toda su longitud.

Por eso, para saber dónde nos encontramos, tenemos que excluir los campos petrolíferos en tierra (como los de Siberia) y los del norte (por ejemplo, frente a las costas de Noruega), y también los campos africanos, como los que hay frente a la costa de Sudán, o sudamericanos, como los de Venezuela: lo cierto es que solo nos queda Oriente Próximo. Porque aquí no brillan luces aisladas, sino que todo resplandece como en un gran parque de atracciones; aun a 10.000 metros de altitud, los pasajeros de los vuelos nocturnos casi se dislocan el cuello mirando hacia abajo. La mayoría de ellos identifican, en las hileras de luces que hay justo delante de la línea de costa, la figura de una enorme palmera dentro de un círculo.

Esa palmera es inconfundible. Nos hallamos en el golfo Pérsico, frente al Emirato de Dubái. Es uno de los Emiratos Árabes Unidos, que gracias a los inmensos ingresos procedentes del petróleo obtenidos en los últimos veinte o treinta años se han hecho no solo ricos sino superricos. Estas luces no indican que haya fiesta, es la iluminación de todos los días. Alguien que tiene tan colosales ingresos por el gas natural y el crudo no se preocupa por la factura de la luz.

11 de agosto de 2005, por la mañana temprano. En una plataforma petrolífera de Dubái, una perforadora penetra hasta llegar a las reservas subterráneas de crudo. Al instante, el crudo asciende a gran altura por el conducto de la perforadora. Después de ciento cincuenta millones de años, entre los estratos rocosos herméticamente cerrados, se ha producido una mezcla que fermenta sola; al hacerlo libera una enorme cantidad de gas y por ello soporta una gran presión. Antes se formaban grandes surtidores de petróleo que muchas veces incluso se incendiaban. Hoy en día el crudo es inmediatamente recogido y llevado lejos. Día tras día...

Pero ¿cómo se generó esta mezcla? Para averiguarlo tenemos que remontarnos entre doscientos y novecientos millones de años. En aquella época solo había un mar enorme, el océano primitivo, y todos los continentes que existen hoy constituían aún una única masa de tierra continua. Y alrededor de esta masa de tierra había inmensas extensiones en las que el mar tenía muy poca profundidad, algo así como nuestras actuales marismas. Y precisamente en esas explanadas retozaban los primeros seres vivos. Eran sobre todo algas rojas y verdes, pero también pequeños animales, seres parecidos a medusas, gusanos de la clase de los anélidos, los primeros tipos de coral y equinodermos, que son los precursores de los erizos de mar y las estrellas de mar.

Como la superficie terrestre todavía no era tan sólida como ahora, sino que se movía de un lado a otro y de arriba abajo, se separaron del mar abierto unas cuencas marinas cada vez más grandes. En ellas vivían infinidad de seres vivos, y cuando morían no subían al mar abierto sino que se hundían hasta el fondo.

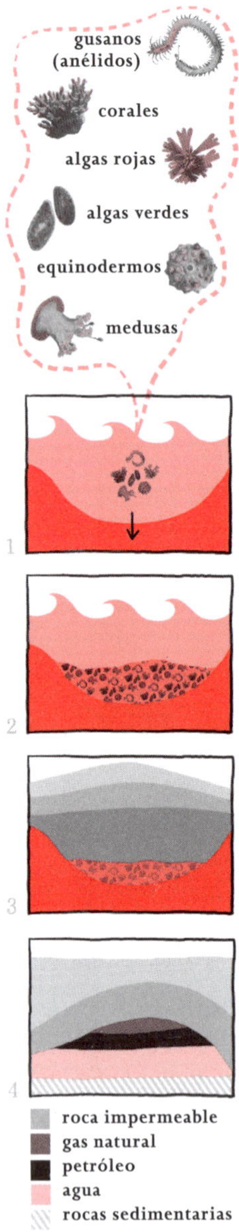

Eran tantísimos que no fueron devorados ni los desintegraron las bacterias.

Desde luego, sin oxígeno tampoco se podían descomponer, y se formó una especie de masa cenagosa. Con el paso de millones de años, no solamente se depositaron arena y fango sobre esta masa cenagosa sino que, además, se deslizaron sobre ella terrones enteros. Allí donde los estratos impermeables la encerraron por todos los lados se formaron, con el calor y la gran presión, cientos de hidrocarburos. La presión y el calor y además, probablemente, algunas bacterias contribuyeron a que siguiera la desintegración, hasta que se produjo el crudo.

En resumidas cuentas, la formación del petróleo continúa siendo hoy un misterio. Hasta ahora no se ha investigado cómo funciona exactamente este proceso. Sea como fuere, al final resulta ser un pequeño milagro: un material formado casi únicamente de energía y otros valiosos componentes.

Si la naturaleza no hubiera producido enormes cantidades de crudo, gas natural y carbón hace millones de años, es probable que la humanidad continuara viajando por tierra en coches de caballos y por mar en barcos de vela; la globalización, como hoy la llamamos, no hubiera existido. Desde luego, el crudo es una materia prima distribuida muy desigualmente en la Tierra. Unos países no tienen ni una gota o muy poco y otros nadan en él, por ejemplo la mayoría de los países árabes, que obtienen del petróleo unos ingresos fabulosos.

*

Volvamos a las primeras horas de la mañana del 11 de agosto de 2005. Están extrayendo crudo y en las proximidades de la plataforma hay varios buques cisterna anclados, entre ellos el *Madrás*, de 194 metros de eslora.

El crudo no se bombea directamente al buque cisterna, sino que se conduce por un oleoducto que va por el fondo del mar hasta un almacén provisional en tierra, pues lo que sale de las profundidades es, de momento, una mezcla de crudo, gas, agua de mar y otras impurezas. Todavía no está preparado para ser transportado, ya que contiene demasiada carga sin valor.

Por eso, esta mezcla se lleva primero a un recipiente a baja presión. El gas natural se escapa y es conducido de inmediato a otro sitio. En Dubái, la gente utiliza ese gas, entre otras cosas, para hacer funcionar sus enormes centrales eléctricas. El agua salada, más pesada, cae en otro tanque y puede ser bombeada. Mediante la aplicación de calor, voltaje eléctrico y productos químicos se procura eliminar el agua restante y otras impurezas. Solo entonces tenemos el verdadero «crudo», que se puede transportar sin problema en buques cisterna o a través de oleoductos.

La mayoría de los buques cisterna se hallan anclados frente a la costa, porque están a la espera de los pedidos, algunos desde hace ya varias semanas. El *Madrás* aún tiene que esperar 72 horas. Cuando hace algo más de fresco, por la mañana temprano y al final de la tarde, el capitán Van der Valt pasa horas en el puente inspeccionando la costa con su catalejo. Cada vez que navega por las proximidades de Dubái tiene la impresión de que no está en Oriente Próximo sino que ha sido enviado a la estación espacial de una película de ciencia ficción.

Las plantas más altas de numerosos rascacielos brillan con luz azul y dan la sensación de ser cabezas inquietantes. Otros parecen estaciones de acoplamiento para cohetes: estas torres con naves sin paredes están muy iluminadas y rodeadas de grúas. Pero el capitán Van der Valt sabe que las «bases de lanzamiento» de naves espaciales son en realidad estructuras y esqueletos de futuros rascacielos.

14 de agosto de 2005. Al salir el sol, el *Madrás* recibe por fin permiso para poner rumbo a las instalaciones petrolíferas de Jebel Ali Port. El nuevo puerto de Dubái, que se construyó sobre todo para portacontenedores, es el lugar de movimiento de mercancías más grande de Oriente Próximo. Por el gran calado de los depósitos, la dársena petrolera se encuentra fuera, delante del puerto.

Hacia las ocho de la mañana, el buque cisterna atraca por fin en la estación de llenado. En ella, colgadas de tres grúas, hay unas enormes mangueras que se bajan sobre la cubierta y se conectan al sistema de tuberías del barco. Enseguida se bombea el crudo al barco. Pero hacen falta muchas horas para llenar un buque cisterna de casi 200 metros de eslora.

En ese mismo momento, el indio Sadek y sus compañeros acaban de desayunar en su miserable alojamiento de la periferia urbana. Pertenecen al grupo de trabajadores extranjeros que componen más de las tres cuartas partes de la población y que hacen casi todo el trabajo aquí: trabajan en las plataformas de perforación y en las obras de construcción, son cocineros y camareros en los restaurantes y en las casas de los dubaitíes ricos. Cuidan los jardines, limpian las calles y conducen los taxis. Estos trabajadores extranjeros ganan entre 150 y 250 euros al mes; la mayor parte de este dinero lo envían a sus familias, que muchas veces solo cuentan con estos ingresos para vivir. Es mucho más –supera el salario de sus países de origen– lo que ganan los trabajadores occidentales: los jefes de obra de los rascacielos, los veterinarios que trabajan en las granjas de cría de camellos o los ingenieros de las plataformas de perforación.

Por el contrario, Sadek trabaja como peón cargando y descargando pequeñas embarcaciones comerciales en el puerto viejo. Va en bicicleta al Creek, que se encuentra cerca de allí. El Creek es un largo brazo de mar que se adentra casi diez kilómetros en el desierto. Desde hace siglos sirve como puerto natural. Y desde hace siglos echan allí el ancla los *dhows*, las tradicionales embarcaciones de madera de los árabes del Golfo.

Hasta hace cuarenta años, detrás del Creek solo había un pequeño establecimiento comercial. Algunas casas eran de piedra, pero la mayoría estaban hechas de adobe y tenían techumbres de palma. Los *dhows* siguen hoy transportando casi todas las mercancías con las que se comercia en el golfo Pérsico: cargas enteras de neumáticos, cajas de comestibles no perecederos o artículos eléctricos de Extremo Oriente.

Mientras Sadek y sus compañeros pasan la mañana, con todo el calor, llevando a tierra caja tras caja del pesado cargamento, pasándolas por encima de la borda de la barca, que se mueve incesantemente, el capitán árabe no para de echar pestes. Sin embargo, los trabajadores pueden estar contentos, pues hoy es un «buen día»: algunas veces se pasan horas esperando sentados a la sombra, aburridos.

Aunque los *dhows* continúan atracando hoy en día en el Creek, la ciudad ha cambiado por completo, sobre todo en los últimos quince años. Cuando el capitán Van der Valt vino por primera vez con un barco, en 1990, se acababa de construir la Sheij Zayed, una carretera paralela a la costa. Todos los extranjeros se burlaron del «suntuoso bulevar de Dubái», pues en su mayor parte cruzaba terreno desértico, sin urbanizar. Hoy, esta arteria principal de ocho carriles está bordeada de innumerables edificios de muchos pisos, hoteles y apartamentos. Tiene tráfico día y noche. En Dubái están construyendo más de quince rascacielos al mismo tiempo. Y no se ve el fin: en el año 2010 habrá unos 150. ¡En Fráncfort no hay más que diecinueve!

Solo los edificios de varios pisos más pequeños son bloques

sencillos. Los grandes rascacielos, por el contrario, tienen un diseño muy elaborado: por ejemplo, el hotel de lujo Burj al-Arab parece un barco de vela varado. La fachada del edificio Palm Tower imita un tronco de palmera. El Jumeirah Beach Hotel recrea un gran tobogán.

Pero todos estos edificios quedarán eclipsados por el Burj Dubai, cuya construcción acaba de iniciarse. Será el edificio más alto del mundo y medirá entre 800 y 900 metros. La altura exacta es un secreto de Estado. Los dubaitíes tienen miedo de que otro país pueda superarlo antes de que esté concluido. El Burj Dubai tendrá 175 plantas, abajo habrá un hotel, arriba una plataforma a modo de mirador y en la parte central (desde el piso 38 hasta el 108) apartamentos de lujo.

EL «MILAGRO DEL GOLFO PÉRSICO»: DUBÁI

Dubái es uno de los siete pequeños principados que se encuentran en medio del golfo Pérsico y que forman juntos los Emiratos Árabes Unidos (en abreviatura, EAU).

Se considera a este país como el «milagro del golfo Pérsico». Mientras a su alrededor se desencadenan sangrientos conflictos, Dubái es un oasis de crecimiento económico y de paz, donde gente de los pueblos y religiones más variados conviven en un espacio reducidísimo.

Gracias a su riqueza petrolera y a una inteligente política económica, Dubái figura entre los ganadores de la globalización. La renta per cápita lo sitúa como uno de los países más ricos del mundo. Para mostrar esto al mundo entero, los dubaitíes están construyendo el rascacielos más alto del mundo, el parque temático más grande del mundo (Dubailandia) y las islas artificiales más grandes del mundo.

Pero más de tres cuartas partes de los que viven en los Emiratos Árabes Unidos no son ciudadanos de estos países. Son trabajadores inmigrantes, mal pagados y a quienes solo se concede un permiso temporal de trabajo.

Lo que no tienen los EAU es agua. A pesar de ello, gastan más de un millón de metros cúbicos al día. Después de Estados Unidos y Canadá, son los que más agua gastan por habitante. El agua procede de plantas desaladoras. Por supuesto, las centrales eléctricas y las plantas desaladoras funcionan con petróleo y gas natural. Los árabes del Golfo tienen todavía suficiente para ellas. Pero el petróleo se va acabando de forma lenta pero segura, por lo menos en Dubái. Por eso el gobierno ve su futuro en el comercio, las finanzas y el turismo: además de su aeropuerto y de su flota aérea, han construido un gran puerto de carga. Con los hoteles y los parques recreativos quieren atraer turistas al país, y con las islas artificiales, los edificios de apartamentos y los puertos deportivos, a los ricos de todo el mundo.

A media tarde del 14 de agosto de 2005 una tercera parte del *Madrás* está llena; el proceso completo de llenado suele durar entre 36 y 40 horas. Un buque cisterna como el *Madrás* tiene capacidad para un millón de barriles de crudo aproximadamente, lo que equivale a unos 159 millones de litros.

La carga y descarga de los seis tanques, separados unos de otros, es coordinada por el ingeniero de a bordo, el portugués Raul, en el mismo *Madrás*. Un sistema de vigilancia por sensores y un programa informático sofisticado se ocupan de que los depósitos se llenen por igual. De no ser así, el buque podría perder el equilibrio, o incluso romperse todo el casco como una caja de zapatos.

Al mismo tiempo, la compañía petrolera se informa por radio: ¿a qué distancia os encontráis? Porque el tiempo es oro: por el alquiler del barco tiene que pagar 50.000 dólares diarios. ¡Eso quiere decir que ya ha pagado lo menos 75.000 dólares por el buque cisterna solo hasta tener el crudo a bordo! Y cada hora le cuesta al empresario 2.080 dólares más. De modo que la compañía petrolera procura meter prisa. Pero el capitán Van der Valt y su ingeniero de a bordo son auténticos marinos y no se dejan presionar así como así.

*

15 de agosto de 2005. Estamos en la Sheij Zayed Road. La mayoría de los árabes del Golfo que se dirigen a la mezquita para la oración de los lunes en sus Land Rovers no han visto nunca de cerca una plataforma de perforación ni una estación de llenado. Da lo mismo. Con el petróleo, lo que importa no es poder reconocerlo, sino poseerlo. El que, como Mohammed, de trece años, nace en Dubái y es hijo de un oriundo del país no tiene que preocuparse ni por el petróleo ni por el dinero. Los árabes del Golfo viven de las rentas: alquiler de edificios de oficinas y apartamentos, acciones y valores. O bien trabajan como directores de empresas nacionales y extranjeras (a los empresarios extranjeros no se les permite realizar sus actividades en Dubái sin personas de contacto que sean del país). El padre de Mohammed forma parte de la dirección de la compañía que explota las plantas procesadoras y el puerto. Una o dos veces al día se asegura de que todo está en orden y firma algunos documentos; lo demás funciona solo.

Las rentas, beneficios y puestos directivos que se obtienen dependen de manera decisiva de la familia a la que uno pertenece. Cuanto más próximo sea el parentesco que tenga el denominado clan con la dinastía gobernante, mayores serán los «pucheros» que podrá repartir. Un clan es algo así como una banda, pero no una banda que uno pueda escoger, sino que ha nacido en ella: está compuesta por toda la parentela, muy ramificada. El clan lo regula todo en la vida de sus miembros. Esto lo puede percibir también Mohammed: por la mañana tiene que ir al colegio y dos días a la semana, por la tarde, a la escuela coránica. Y el año que viene tendrá que ir a un internado en Suiza...

Pero por ahora, como todos los viernes, tiene que aguantar la visita a la mezquita y la posterior comida familiar. En ella, a Mohammed solo le está permitido hablar cuando le preguntan; en los países árabes es una ley no escrita. Esta comida se desarrolla en su totalidad en estricto acuerdo con las normas tradicionales. Todos los hombres llevan *burnus*, una túnica larga blanca, y turbante. Están ellos solos; aun en las comidas «familiares» las mujeres y los niños pequeños comen aparte. La comida se sirve en el suelo, sobre el que se ha colocado una enorme y suntuosa alfombra persa.

Cuando Mohammed se reúne con su familia a comer, primero se ofrecen varias bandejas de entremeses: berenjenas, aceitunas, puré de garbanzos, sésamo tostado, cuajada con ajo, salsas verdes, marrones y anaranjadas. Y como plato principal tradicional hay, esta vez también, cordero a la parrilla, cordero asado, cordero con salsas especiadas y grandes montañas de arroz.

Comen con la mano derecha. Si alguien metiera la mano izquierda en el arroz, de inmediato todos se echarían atrás espantados, muertos de asco, pues en el desierto, durante siglos, los árabes nómadas usaban la mano izquierda para limpiarse el trasero. Y aunque hoy se pueden permitir lujosos cuartos de baño con grifos de oro y ducha incorporada, la sabiduría del pasado está profundamente arraigada en ellos: hay que comer con la mano derecha.

Los dubaitíes, como todos los árabes del Golfo, tienen contradicciones en su modo de vida. Con el dinero quieren demostrar al mundo entero que ya no son aquellos sencillos nómadas. Están levantando la ciudad más moderna del siglo XXI. Conducen los coches más rápidos, llevan gruesas sortijas y relojes de oro y juegan al golf. Viajan con un séquito numeroso a Nueva York, Londres o Múnich y ocupan la mitad de un hotel de lujo. Al mismo tiempo, sin embargo, no quieren apartarse de su estilo de vida tradicional.

Después de comer, los hombres vuelven a sentarse ellos solos, fuman la *shisha*, la pipa de agua, y beben té o un café moca fuerte. El jefe del clan pregunta:

–Y bien, Mohammed, ¿qué quieres estudiar? ¿Has elegido ya una buena universidad en Estados Unidos o en Inglaterra?

Mohammed se pone colorado y mira al suelo. No quiere mentir, pero tampoco se atreve a decir la verdad. Su padre interviene en su lugar:

–Si por él fuera, sería jugador de hockey sobre hielo.

Todos los hombres que están en la habitación se ríen. Ni siquiera los habitantes de uno de los países más ricos del mundo pueden hacer lo que quieran. El padre o el jefe del clan tiene siempre la última palabra.

Y ahora el jefe del clan deja su taza de té y mira a Mohammed.

–Si cada uno de nosotros siguiera sus inclinaciones, seríamos todos pilotos de carreras, jugadores de póquer o yóqueis de camellos. Entonces Dubái tendría pocos rascacielos, y todos pertenecerían a extranjeros y a las compañías petroleras de fuera.

»Pero precisamente somos fuertes porque formamos una gran familia en la que cada uno tiene su sitio, determinado por Alá. Nuestro petróleo se acabará pronto. ¡Aunque el dinero se invirtiera con inteligencia, lo que nos falta, hijo mío, es el conocimiento! ¿Cómo se construyen los rascacielos? ¿Cómo se fabrican los teléfonos móviles y se extiende la red de cobertura? ¿Cómo se gestiona un hotel o un parque recreativo con más de 1.000 empleados?

»Para todo eso seguimos hoy necesitando a los extranjeros. Y por esa razón nuestros mejores hijos tienen que hacerse ingenieros y directivos inteligentes. Y cuando hablo de nuestros mejores hijos me refiero también a ti, Mohammed.

Mohammed mira al suelo y calla; sus pensamientos vuelven nuevamente al hockey sobre hielo. Así soporta el resto de la comida.

Por fin termina: el chófer paquistaní lo lleva al pabellón de deportes sobre hielo. De hecho, Dubái dispone de un pabellón de deportes sobre hielo y de otro para esquí, con pista de nieve de verdad. El que tiene petróleo y gas en abundancia no se preocupa por los gastos de refrigeración.

En el vestuario ya están esperando a Mohammed los compañeros de su club. Se pone el equipo y coge el *stick*, uno y otro *made in USA*. Fuera, en el pabellón, su entrenador está ya echando carreras sobre el hielo. Con un fuerte golpe lanza el disco al ángulo izquierdo de la portería. El entrenador es canadiense y ha jugado varios años en la liga profesional de su país. La cuantía del salario que se paga a este exprofesional para que enseñe hockey sobre hielo a los jóvenes de Dubái es un secreto de Estado. (Es posible hacerse una idea de los deportes de invierno en Dubái en el sitio de internet *www.skidxb.com*.)

Mohammed, aunque va embutido en un suéter acolchado, tiene un poco de frío. Ahora quizá le vendría bien un forro polar, bien calentito. Claro que él no se iba a poner mi chaleco, sino uno de marca, pero da igual, porque mi chaleco ni siquiera está terminado del todo. Eso sí, su fabricación va a dar un paso decisivo mañana mismo.

Capítulo 3

Los chivos expiatorios de la globalización: los buques cisterna tienen corazón

16 de agosto de 2005, por la mañana, Jebel Ali Port. Mientras Sadek acude al trabajo en bicicleta y Mohammed corre al colegio, nuestro buque cisterna zarpa por fin. Entre el casco del barco, ahora muy cargado, y el fondo del mar hay poco más de un metro de agua. Por eso el petrolero tiene que ser llevado a aguas más profundas por dos remolcadores, con mucha precaución.

Ahora la materia prima de mi chaleco se encamina a Chittagong, Bangladés, exactamente a una velocidad de quince nudos (unos 24 kilómetros por hora). La velocidad la determina la compañía petrolera, que al fin y al cabo es la que tiene que pagar el combustible del barco.

Sin embargo, el capitán Van der Valt todavía no puede respirar tranquilo. Hasta que el *Madrás* no haya pasado la parte difícil del golfo Pérsico, el estrecho de Ormuz, permanecerá en el puente las horas que sean, 10, 12 o incluso 16. El mar es muy poco profundo en todo el Golfo y por eso el canal es muy angosto. A pesar de todo pasan por allí muchos navíos, sobre todo petroleros. A babor se extiende la costa de Irán, un país bajo un estricto régimen islamista; las patrulleras custodian sus aguas jurisdiccionales con el mayor rigor.

Tras navegar 150 kilómetros escasos, el *Madrás* llega al estrecho de Ormuz; en esta parte, el canal es como el ojo de una aguja, con una anchura de solo unos pocos centenares de metros. Esta vez, por suerte, no hay cola de petroleros esperando. Al cabo de unas 13 horas de navegación, el *Madrás* sale al golfo de Omán, que se abre al océano Índico. Ahora el capitán Van der Valt puede irse a dormir tranquilo.

El resto de la ruta de nuestro buque cisterna es fácil: atraviesa el océano Índico hasta el extremo meridional de la India y desde allí sube por el golfo de Bengala. Durante la mayor parte de este trayecto de unos 4.500 kilómetros, el timonel solo tiene una tarea: mantener el rumbo.

Las tareas de los demás tripulantes consisten ahora, principalmente, en mantener el potente motor en un rendimiento óptimo y, mediante los diferentes sistemas de vigilancia, no perder de vista en ningún momento el barco y su cargamento. Esto es muy importante, ya que una carga de más de 125.000 toneladas de crudo es un dragón dormido pero que se irrita con facilidad. Para que un mar agitado no haga derramarse la carga por aquí y por allá, la bodega está compartimentada en seis tanques separados. Pero estos tanques separados no son totalmente huecos, sino que están cruzados por travesaños de acero a modo de costillas. Si el interior del barco no fuera más que un gran casco hueco, al viajar de vacío se doblaría como si fuese una caja de cartón al sufrir la mínima presión del exterior.

*

20 de agosto de 2005, en alta mar. Como las supervisiones se realizan en la sala de control, la tripulación pasa la travesía casi exclusivamente en la parte posterior del navío. Está compuesta por el capitán holandés Van der Valt, el portugués Raul Jorges, ingeniero de a bordo, y 21 marineros filipinos.

Solamente un miembro de la tripulación recorre varias veces, cada día, toda la cubierta del barco: el ingeniero Raul. Para mantenerse en forma, en su tiempo libre, utiliza como pista la

El *Madrás*, con sus 194 metros de eslora, es uno de los buques cisterna de tamaño medio que se construyeron para trayectos intermedios y puertos poco profundos. Puede cargar unas 125.000 toneladas de crudo u otro líquido, es decir, tiene 125.000 toneladas de porte bruto (en inglés, *tdw*, *tons deadweight*, es decir, capacidad de carga del barco medida en toneladas).

Solo se denomina «superpetroleros» a los petroleros a partir de 200.000 tdw. En inglés se diferencia también con más precisión entre VLCC (Very Large Crude Carrier, más de 200.000 tdw) y ULCC (Ultra Large Crude Carrier, más de 300.000 tdw).

Hoy en día, la mayoría de los superpetroleros miden entre 310 y 350 metros de eslora, tienen un porte bruto de hasta 350.000 tdw y se las arreglan con una tripulación de entre 30 y 40 personas.

Pero ¿qué significa en realidad un porte bruto de 350.000 tdw? Un superpertrolero de ese tamaño tiene capacidad para cargar dos millones de barriles de crudo, es decir, 318 millones de litros. Con ellos se puede llenar 17.000 veces un camión cisterna grande.

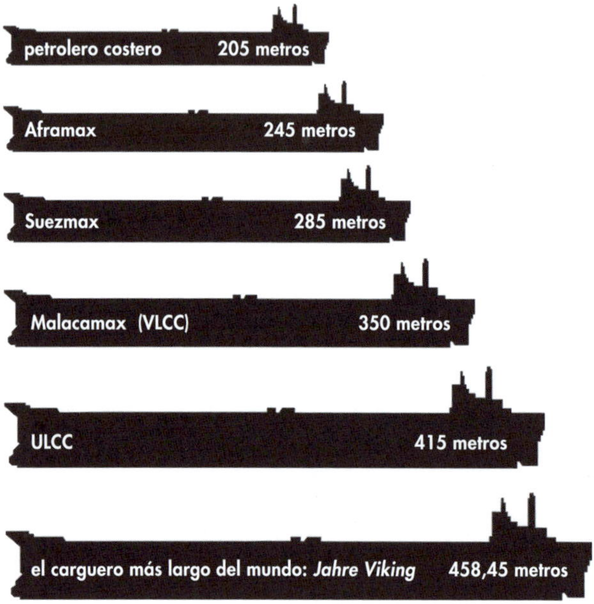

También se han construido superpetroleros de más de 400 metros de eslora. Pero eran propensos a las averías y por su tamaño y su calado solo se utilizaban en muy pocas rutas. Incluso los superpetroleros de 300 a 350 metros de eslora tienen ya un calado de 20 a 22 metros, por este motivo no pueden hacer escala más que en unos pocos puertos.

cubierta del coloso de acero, de casi 200 metros de longitud; debajo están las tuberías y las gruesas cadenas de las anclas y a uno y otro lado las bombas y las enormes válvulas.

Raul solo tiene que ir y volver treinta veces para correr los doce kilómetros diarios que se ha impuesto. Aquí, en los trópicos, ya desde por la mañana se alcanza una temperatura de unos 30 grados. Raul empieza a sudar tan pronto que decide hacer solo la mitad del recorrido. Al fin y al cabo hoy aún le hará falta un poco de energía para chatear en internet y, después, para el largo turno a bordo.

Internet ha sido un fabuloso descubrimiento para Raul. Así, en el tiempo libre que tiene, que es mucho, puede mantenerse en contacto con personas del mundo entero e intercambiar opiniones. Participa en foros de la red con sus conocimientos especializados sobre petróleo, maquinaria y navegación. Y también puede desahogar su enfado. Se enfada porque, según parece, los buques cisterna no le gustan a nadie.

Por supuesto, esos enormes monstruos no son bonitos, la verdad es que son francamente feos. Pero los buques cisterna son muy útiles para toda la humanidad. Además, los superpetroleros son las construcciones de acero más grandes que el hombre ha hecho jamás. Con una eslora de entre 300 y 400 metros, muchos de ellos son más grandes que la Torre Eiffel de París, cuya altura es solo de unos 300 metros. La Torre Eiffel, por otra parte, es un simple montaje de piezas para formar una estructura de acero a modo de enrejado. Por el contrario, los grandes cascos de estos buques están soldados, formando contenedores de acero compactos. Los petroleros nuevos incluso están protegidos por una doble pared exterior. Esto será norma obligatoria en todo el mundo a partir de 2015.

A pesar de todo, la mayoría de la gente, cuando oye la palabra «superpetrolero», piensa de inmediato en accidentes, grandes catástrofes medioambientales y playas contaminadas. A Raul eso le parece injusto: en primer lugar, los accidentes no ocurren con tanta frecuencia, y, en segundo lugar, la culpa no es de los barcos ni de sus tripulaciones. Es de los armadores que no retiran del tráfico sus barcos viejos. Y es, en última instancia, de los consumidores, que quieren tener la energía más barata posible para sus coches pero no quieren saber nada de cómo se transporta la gasolina. Aunque a la vez también se transporta una gran cantidad de crudo por oleoductos –por ejemplo, de Siberia a Europa occidental–, los grandes petroleros siguen constituyendo la pieza clave de la cadena del crudo.

La gente contesta siempre a la buena de Dios cuando Raul pregunta cuántas de esas gigantescas latas andan por los mares. Unos dicen que menos de 1.000, otros se atreven a pensar en cifras de 2.000 o 3.000. Sin embargo, son unos 7.000 los petroleros que navegan por los océanos ¡y aún son pocos! Ni siquiera a los armadores parecen gustarles los petroleros, así que construyen pocos nuevos. Y con ello se cierra el círculo vicioso: como los petroleros tienen tan mala fama, se construyen pocos. Como se construyen pocos petroleros nuevos, dentro de pocos años habrá escasez en el transporte del crudo. Como habrá escasez, seguirán en servicio muchos petroleros viejos. Esto hace que aumente el peligro de accidentes en el mar, con catástrofes causadas por vertidos de petróleo. Después, los petroleros tendrán una fama todavía peor, y vuelta a empezar...

¿Realmente no le gustan a nadie los petroleros? Por suerte, Raul ha descubierto en internet una pequeña comunidad de fans. Estos fans de los petroleros se encuentran en la dirección *www.supertankers.topcities.com*. Hay unos cuantos frikis tenaces que dedican su ocio a espiar buques cisterna en puertos y estrechos para fotografiarlos. En este foro hay fotos e información sobre casi todos los petroleros que surcan los océanos. Y bajo el epígrafe «Petroleros enigmáticos» tratan de adivinar la procedencia de los barcos a los que no pueden asignarle una.

Raul participa también en chats sobre cuestiones energéticas y medioambientales. En ellos siempre se discute acaloradamente, sobre todo la cuestión del vertiginoso crecimiento del consumo de petróleo del mundo. En la actualidad consumimos unos 85 millones de barriles al día. Un barril equivale a unos 159 litros. Así pues, la humanidad consume diariamente 13.515 millones de litros de crudo, lo que supone al año la increíble cantidad de 4.932.975 millones de litros, dicho en palabras: 4 billones 932.975 millones de litros. Tres cuartas partes de esa cantidad se queman en los países industrializados de Occidente como fuentes de energía: gasolina, diésel y queroseno de aviación.

Junto a las viejas potencias industriales no cesan de aparecer otras nuevas: sobre todo India y China, donde desde hace algunos años las necesidades energéticas están creciendo astronómicamente, pero también los países de la periferia de Europa que poco a poco se van robusteciendo, como Irlanda y Polonia o como Portugal, la patria de Raul. En conjunto, el consumo energético crecerá un 50% en el plazo aproximado de 20 años. Y es que cada vez hay más artículos que se envían por el mundo, cada vez hay más personas que viajan a países lejanos, cada vez hay más coches, barcos y aviones que necesitan combustible.

Raul es el mejor ejemplo de que las cosas también pueden ser de otra manera: en el tejado de su casa ha instalado placas solares. Ha invertido parte de sus ahorros en una de las primeras instalaciones de energía eólica de Portugal. Siempre se alegra al ver los grandes molinos, sobre todo frente a las costas del mar del Norte. Pero sabe también que no es posible trasladar de la noche a la mañana la producción de energía a fuentes renovables. Si bien hay muchas fuentes de energía renovables –la fuerza del agua y la del viento, placas solares y biogás–, estas no pueden cubrir ni la cuarta parte de la demanda mundial de energía.

Igualmente absurda es otra opinión que Raul se encuentra en el chat medioambiental después de su turno de trabajo.

–El transporte con buques cisterna desde tanta distancia incrementa el coste del petróleo –escribe un participante.

Esto no es cierto; Raul hace el cálculo: aunque un superpetrolero cuesta hasta 80.000 dólares al día de alquiler, los costes del transporte apenas repercuten en el precio. Los superpetroleros transportan entre un millón y medio y dos millones de barriles de crudo. Pongamos un millón y medio solamente; son unos 240 millones de litros y una distancia de unos 10.000 kilómetros. Así que hay que alquilar el superpetrolero más o menos veinte días, incluyendo la carga y descarga. Raul echa mentalmente la cuenta de todo: 20 días a 80.000 dólares son 1.600.000 dólares, lo que dividido entre 240 millones de litros da unos costes de transporte de unos 66 centavos por litro. Eso es menos de un 1,5% del precio final de venta al consumidor.

Al mismo tiempo, otro participante formula la pregunta que con más frecuencia se discute en este chat: ¿cuánto tiempo más va a poder satisfacer el petróleo la creciente sed de energía del mundo globalizado?

–Los gobiernos no dicen más que mentiras –comenta uno que se hace llamar Warner–; en realidad, el petróleo pronto escaseará y entonces el mundo entero se quedará a oscuras.

Ante esto, Raul no se puede callar:

–Hay aún bastantes reservas disponibles. Y no solo eso: las técnicas de detección y explotación de los yacimientos petrolíferos han hecho grandes progresos. En la actualidad se han localizado muchos yacimientos que antes se habían pasado por alto. Y también se pueden explotar yacimientos a mayor profundidad. Hoy en día se conocen unos 42.000 yacimientos petrolíferos. Muchos de ellos están a la espera de ser explotados.

–Todo falso –truena Warner–. Todos los grandes yacimientos petrolíferos se están explotando desde hace mucho. En realidad, solo 300 de los 42.000 tienen interés económico. ¡Por eso, puede que dentro de diez años se llegue a una escasez dramática!

–No –le contradice Raul–. Dentro de diez años se explotarán yacimientos en los que antes hubiera resultado demasiado costoso meterse. Por ejemplo, cuando el crudo no se encuentra puro sino mezclado con arena. La cuestión más importante es, pues, cuándo va a ser la producción tan cara que ya no sea rentable. Es decir, cuándo va a resultar demasiado cara para la mayoría de los conductores la gasolina que se vende en las gasolineras.

Cuánto tiempo vamos a seguir teniendo energía que podamos pagar es algo que no depende solo de las reservas de petróleo, sino también de otros dos factores: en primer lugar, de la explotación de otras fuentes de energía. Y en segundo lugar, del consumo. En una encuesta reciente, el 80% de los conductores de Europa dijeron que en el futuro limitarían sus desplazamientos en coche.

Raul apaga el ordenador. Mientras sale de la habitación y sube la escalera que conduce al puente, le sigue dando vueltas en la cabeza a la discusión. Curiosamente, es ese, en efecto, el punto en el que se encuentra el debate. Gracias al GPS podemos determinar exactamente la posición de nuestro barco; los instrumentos muestran con la misma exactitud cuánto crudo hemos cargado y a qué temperatura está. Sin embargo, por lo que respecta a la decisiva cuestión de las reservas energéticas mundiales, la humanidad anda a tientas.

*

No hay ningún incidente digno de mención hasta la llegada del *Madrás* al golfo de Bengala, el 22 de agosto de 2005. También aquí se elevan del agua enormes plataformas petrolíferas. En Bangladés se extrae petróleo, que es transportado por un oleoducto al puerto petrolero de Chittagong. A pesar de ello, el país también tiene que importar petróleo. En primer lugar, el que producen ellos no basta para sus propias necesidades. En segundo lugar, hay que mezclarlo, pues no todos los petróleos son iguales: uno es demasiado sulfuroso, otro es demasiado viscoso; solo sirve la mezcla.

Aquí, en el Golfo, el agua se va poniendo marrón a medida que avanzamos, pero no es por el petróleo; es la corriente de los grandes ríos indios, que se adentra profundamente en la bahía. Bangladés se halla en la desembocadura de tres grandes ríos: el Ganges, el Brahmaputra y el Meghna. En el lugar donde confluyen, el lodo se ha ido acumulando a lo largo de los siglos y la tierra se ha ido extendiendo hacia el mar. Ese terreno es muy fértil, pero está constantemente amenazado por las inundaciones, las mareas y los ciclones. Chittagong es el único puerto de mar con que cuenta Bangladés; está situado al este del delta con sus numerosos bajíos.

Mucho antes de llegar a puerto, el *Madrás* pasa por delante de barcos muy viejos, abandonados. Son petroleros, cargueros y transbordadores desechados que aguardan a ser remolcados hasta la playa. Allí, en la zona de desguace, son desarmados, en su mayor parte a mano. El capitán Van der Valt lo vio de cerca una vez, el año pasado. Cogió un taxi y fue a la playa de Chittagong. Antes, la gente se bañaba ahí, le contó el taxista. Hoy, toda la playa está cubierta por una negra y pegajosa capa de petróleo.

Repartidas todas las partes entre el agua y la tierra, allí es-

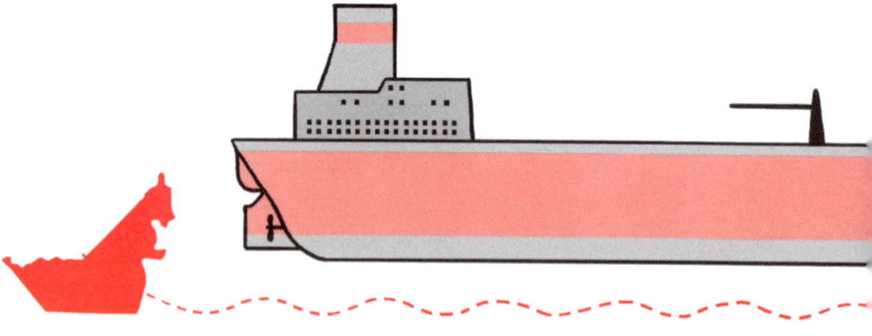

tán los grandes barcos, como ballenas varadas, esperando su fin. Justo ahora acaban de desmontar la proa de un carguero; al lado está la popa de un buque cisterna, con las superestructuras y el puente de mando un poco más lejos, en el agua. No hay dársenas, como en los astilleros, para sacar del agua los cascos de los barcos. Solo de vez en cuando viene una grúa muy grande para retirar las pesadas piezas de hierro. Todo lo demás lo hacen personas, con unos medios muy sencillos: sopletes, destornilladores y escoplos. Personas que, junto a los grandes buques de acero, parecen muy pequeñas y vulnerables.

–Aquí hay muchos accidentes –le contó un capataz al capitán Van der Valt–. Pero eso a los clientes no les interesa.

Los restos de petróleo y grasa que aún quedan en las máquinas y en los tanques no se bombean y se recogen en recipientes, sino que se derraman en la playa sin problema.

La propia Chittagong no está junto al mar, sino un poco hacia el interior, a la orilla de un gran río, el Karnafuli. Pero durante la marea baja este tiene solo seis metros de profundidad. Por este motivo, el puerto petrolero de Chittagong está ubicado junto a la desembocadura del río, al final de un largo espigón que se introduce muy lejos en el mar.

En cuanto atraca el *Madrás*, el crudo es nuevamente bombeado

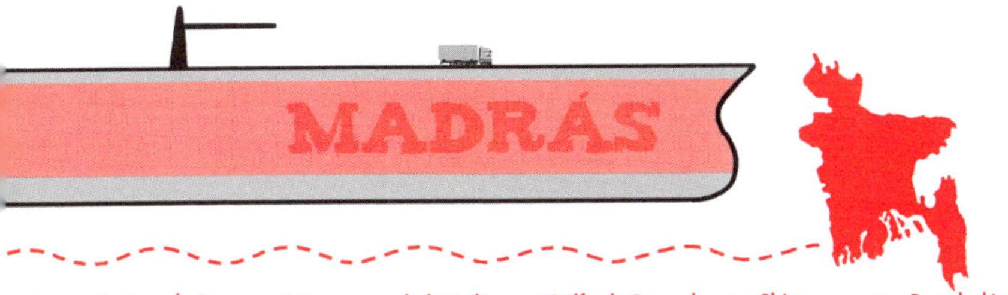

para sacarlo del barco. Por una tubería llega a unos enormes depósitos, llenos a medias del que se ha extraído frente a la costa. Los dos petróleos juntos forman una buena mezcla para el tratamiento posterior.

Tras descargar el buque cisterna, los depósitos se lavan con agua. Después se revisa todo el barco. Sube a bordo un equipo completo de expertos. Se despliegan por el barco, examinan al detalle las tuberías del crudo, las compuertas y toda la electrónica y se encaraman a los tanques. El crudo, el agua salada y el oxígeno dañan gravemente el metal de las paredes del barco. Aunque se les aplica muchas veces una pintura protectora, la mezcla corroe la capa de protección y ataca el metal, que empieza a oxidarse. Hasta que los expertos no terminen con sus listas no puede zarpar el barco. Pero el tiempo apremia, por supuesto. Son 50.000 dólares al día...

Capítulo 4

¡Huelga general en Chittagong! Todo Bangladés pendiente de un hilo

23-24 de agosto de 2005, por la noche, en una de las zonas deprimidas de Chittagong. Ya en la oscuridad han discutido Mohmin y su joven vecino Kholil los últimos detalles. Como el suministro eléctrico sufre cortes a cada momento, terminan su pancarta a la luz de una lámpara de petróleo: Abdul, un compañero de la central sindical, ha traído una sábana y dos palos de escoba. Pero ¿qué deben escribir en la pancarta? Quieren un aumento salarial, eso está claro.

Mohmin es capataz en la fábrica de poliéster, Kholil trabaja en una nave de reutilización donde se elaboran los residuos de plástico. Sin embargo, ¡los dos están hartos! Trabajan hasta caer rendidos y a pesar de todo sus familias viven en un barrio miserable y tienen que endeudarse una y otra vez para salir adelante.

Pero se trata también de la seguridad en el lugar de trabajo. Mohmin sabe de qué habla. Antes trabajaba en una refinería, en el puerto. Estas instalaciones, en las que se obtienen del crudo no solo gasolina y aceite combustible sino también sustancias químicas y asfalto, serían consideradas por los químicos europeos como un museo del refinado. En realidad, están compuestas de partes de unas viejas instalaciones industriales que anteriormente estuvieron en Europa. Hace 14 o 15 años había junto a estas máquinas trabajadores ingleses, luego la planta fue abandonada: demasiado antigua, demasiado ineficiente, demasiado peligrosa para los trabajadores en Inglaterra. Pero no demasiado peligrosa para los trabajadores en Bangladés. Vestidos solo con un taparrabo, corren día y noche por este descomunal laberinto de tuberías y depósitos metálicos, grandes y pequeños, en medio de esa indescriptible mezcla de calor, estrépito y hedor. Apenas hay normas de seguridad y no existe la vestimenta de protección.

No es de extrañar que Mohmin inhalara un día unos vapores tan peligrosos que se desmayó y tuvieron que llevarlo al hospital. Cuando estuvo de nuevo en pie, su puesto había sido ocupado por otro. Los dueños de las fábricas no están obligados a pagar ninguna indemnización. Se limitan a despedir a las víctimas de los accidentes: fuera hay cientos que ocupan sus puestos enseguida.

Y contra eso quieren manifestarse Mohmin y sus compañeros. Pero «¡Más seguridad en los lugares de trabajo!» resulta demasiado largo e inofensivo. De modo que Kholil –el único de ellos que sabe escribir correctamente– pone: «¡30% MÁS, YA!».

Por la mañana, Mohmin y Kholil no van a trabajar cerca del puerto, sino que acuden al centro de la ciudad, al bazar principal, que está frente a la estación de ferrocarril.

Allí se congrega un número creciente de trabajadores. Algunos llevan casco y van armados con gruesos bastones. Y en las pancartas que se yerguen sobre las cabezas se leen no solamente exigencias de aumento salarial y protección en el trabajo, sino también: «¡Abajo los monopolios!», «¡Abajo el gobierno!», «¡HUELGA GENERAL!». En bengalí y en inglés. En inglés, para que los periodistas extranjeros lo entiendan y puedan informar sobre ello.

La manifestación hace un llamamiento a la huelga general. Esto significa que todos los trabajadores y empleados quieren paralizar la ciudad entera: no circulan autobuses, barcos y camiones, las fábricas se paran y las tiendas permanecen cerradas. Este año ha habido ya tres huelgas generales en Chittagong. Y

BANGLADÉS, UN PAÍS EN PERMANENTE ESTADO DE EXCEPCIÓN

Bangladés, con sus 144.000 kilómetros cuadrados de extensión, no es ni la mitad de grande que Alemania (357.000 kilómetros cuadrados) pero tiene 140 millones de habitantes (Alemania tiene 82 millones). Es el país más densamente poblado de la Tierra, unos 1.000 habitantes por kilómetro cuadrado, mientras que en Alemania la densidad de población es de 232 habitantes por kilómetro cuadrado.

A pesar de todo, más del 70% de la población de Bangladés vive de la agricultura. Por eso solo se pueden cultivar productos que den el máximo rendimiento en una superficie pequeña. Así pues, no se cultiva algodón, sino sobre todo arroz.

Las temperaturas tropicales permitirían obtener varias cosechas al año, pero en Bangladés reina el estado de excepción la mitad del año: marzo-abril y octubre son las épocas de los ciclones tropicales y de junio a septiembre es la de los monzones. Entonces los vientos empujan a tierra grandes masas de espesas nubes y se producen lluvias torrenciales.

La mayor parte del país se encuentra en el delta de un río, formado por tres grandes corrientes que van creciendo, y entre los tres ríos llevan tanta agua como todos los ríos europeos juntos. Cuando, al llegar la marea, las masas de agua del mar ascienden de nuevo por el delta, hay enormes inundaciones.

Hasta ahora, los bangladesíes habían podido hasta cierto punto hacer frente a las inundaciones: por lo menos, el agua arrastra tierra fértil a los campos. Pero las inundaciones están adquiriendo, de manera lenta pero segura, unas dimensiones cada vez mayores, porque el cambio climático está haciendo que a largo plazo suba el nivel del mar. En el año 2004, por ejemplo, se inundaron las casas de 34 millones de bangladesíes, casi la cuarta parte de la población.

Los países ricos se protegen con altos diques, pero en Bangladés eso no es posible. Aun teniendo dinero suficiente para ello, la corrupción haría que fuera a parar donde no debe. Por eso, en el año 2050 se inundará previsiblemente la sexta parte de la superficie del país. Unos 20 millones de personas perderán sus casas y sus tierras.

Se puede encontrar información actualizada sobre Bangladés en la página *www.bangladesh.org*.

todo el país lo nota, ya que casi todas las mercancías que Bangladés exporta e importa pasan por el puerto de Chittagong. Si en el puerto y en las refinerías no hay actividad, toda la producción textil del país amenaza con quedar paralizada.

Por eso, el gobierno actúa esta vez con mano dura. Envía a la policía y al ejército, que se emplazan en el puerto, en las refinerías y en los grandes cruces del centro de la ciudad.

Pero los trabajadores y sus dirigentes sindicales no se dejan intimidar. Se reúnen y siguen por la Station Road. Quieren llegar a la Dhaka Trunk Road, que conduce al puerto.

Kholil y Mohmin sostienen en alto la pancarta «¡30% MÁS, YA!» y encabezan su grupo con ella. De todos modos, solo avanzan dos cruces de calle más. La policía ha bloqueado la carretera con sus vehículos y mangueras. Delante hay dos filas de policías equipados con pesados cascos, grandes escudos y gruesas porras.

Al principio de todo se producen las primeras escaramuzas y luego se oye varias veces «¡plaf!». ¿Está disparando algo la policía? Pero los dirigentes sindicales tranquilizan a la multitud:

–¡Que no cunda el pánico! ¡No son más que gases lacrimógenos! ¡Tapaos la cara con los pañuelos! ¡No os frotéis los ojos!

Después, la policía carga. Con sus escudos empujan a todo el que pillan por en medio. Y con sus porras golpean brutalmente a diestro y siniestro. Kholil no había pasado tanto miedo en su vida. Deja caer la pancarta, huye por un callejón lateral y se salva.

Mohmin, por el contrario, no suelta la pancarta. Se ve rodeado

de policías que tratan de romper la pancarta. Pero Mohmin sigue sin soltarla. Entonces recibe un golpe en la cabeza, dos agentes lo agarran y lo meten a rastras en un vehículo policial.

*

Mientras fuera suenan las sirenas de la policía, en la refinería del puerto el trabajo continúa bajo vigilancia policial.

Nuestra mezcla de crudos, que ha estado unos días depositada en uno de los grandes tanques cercanos, es conducida ahora a la refinería por otras largas tuberías. En este laberinto de oleoductos, recipientes y muchos otros mecanismos, salen vapores y se oyen silbidos y un continuo estrépito; con el crudo pasan en principio dos cosas: primero lo llevan a una «olla» cilíndrica de casi 50 metros de altura, la denominada torre de destilación, y lo calientan a 400 grados. De este modo se separan los distintos hidrocarburos: el gas y la gasolina ligera se evaporan y se van hacia arriba; los destinados a alquitrán y aceites lubricantes se depositan en el suelo. Entre ellos se sitúan los hidrocarburos medios, como el etileno, el elemento básico de muchos tipos de plástico. Esta materia prima se separa de los demás componentes y se conduce por oleoductos a un segundo proceso.

El etileno pasa ahora, junto con un catalizador –el antimonio, un metal pesado–, a una cámara de presión. Se calienta la mezcla a 240 grados bajo gran presión y las moléculas de etileno desarrollan la capacidad de unirse formando una masa resistente. Del etileno se hará ahora polietileno, una molécula interminable que es como un cadena de kilómetros de longitud. ¡No hay ningún material tan estable y al mismo tiempo tan dúctil! En el suelo de la cámara de presión hay seis toberas de las que sale, como la pasta de dientes del tubo, el polietileno, de un color blanco grisáceo y en un chorro del grosor de un lápiz.

Luego, las fibras de polietileno se dividen en trozos cortos y se enfrían. Estos trozos, del tamaño de una avellana, se llaman «gránulos» y constituyen el material original para multitud de cosas, pues el polietileno es un auténtico mago. A más de 120 grados se vuelve líquido y entonces se puede comprimir para que adopte la forma que se quiera o laminar en finas hojas. Por eso el polietileno y otros materiales sintéticos son los componentes de mayor

importancia para el consumo global. Con ellos se hacen las bolsas del supermercado, los envases de los alimentos y las bolsas de las patatas fritas, las carcasas de los teléfonos móviles, walkman y ordenadores. También los colorantes e incluso los medicamentos contienen algunas sustancias que se extraen del crudo.

La mayor parte del polietileno, sin embargo, se usa para fabricar envases, pues nuestro mundo, en el que todos los artículos se envían a grandes distancias, es sobre todo un mundo de envases. Y hay envases hasta para los envases usados; en Alemania son los sacos amarillos.

En muchas partes del planeta, la gente abre los envases de plástico y luego los tira al suelo y listo; les da igual dónde irán a parar. Muchas zonas de Asia, Sudamérica y África están cubiertas de residuos de plástico. En la India y en Bangladés mueren muchas vacas porque vagan por las calles y comen desperdicios metidos en bolsas de plástico (ni siquiera los poderosos ácidos del estómago de las vacas son capaces de digerir el polietileno). Mientras en esos lugares las montañas de basura crecen hasta el cielo, la situación en Alemania es completamente distinta.

Los alemanes son los campeones mundiales del reciclaje. Lo que no se puede aprovechar va a parar al contenedor gris, el de la basura residual. Todo lo demás se recoge por separado, un formidable trabajo de clasificación: los desechos orgánicos al contenedor marrón; el papel va al del papel usado; y el cristal y las botellas van a los contenedores centrales de recogida.

Lo más costoso es la basura del Punto Verde, que se compone sobre todo de residuos de plástico. Aquí, todos los envases de yogur se lavan con esmero y se echan al contenedor amarillo. Aunque parte de ellos pasan a las instalaciones de incineración, la mayoría van a parar a las de reciclaje y allí son clasificados. La basura de plástico es aplastada hasta formar bolas y en ese momento sufre una asombrosa transformación: ya no es basura de plástico, sino una valiosa materia prima por la que se pagan entre 300 y 400 euros la tonelada.

La basura de plástico, o mejor dicho la materia prima del polietileno, se carga en contenedores y luego se envía principalmente a Asia. En los depósitos de la empresa química de Chittagong hay uno de esos contenedores de basura de plástico procedentes de Alemania.

*

El mismo día por la tarde. Los calabozos de la comisaría central de policía de Chittagong se encuentran en el sótano; está oscuro y hay humedad. Han encerrado a Mohmin en un pequeño zulo junto con otros 20 compañeros de infortunio. Ninguno sabe qué va a ser de ellos. Todos tienen miedo; los segundos se les hacen minutos y los minutos, horas.

Después los sacan de la celda uno tras otro y ninguno regresa.

–¿Es buena o mala señal? –se preguntan los hombres.

Al final se llevan también a Mohmin, para interrogarlo, a una oscura habitación en la que solo hay una mesa y dos sillas. Mohmin tiene que dar su nombre y decir dónde vive y dónde trabaja.

–¿Quién es vuestro cabecilla? –una y otra vez se repite esta pregunta–: ¿Quién es vuestro cabecilla?

Eso es lo que busca la policía, eso es lo que busca el servicio secreto, eso es lo que busca el gobierno: los cabecillas. Para ellos, la culpa de las manifestaciones y las huelgas no la tienen las malas condiciones de trabajo en el país, sino unos perversos cabecillas que soliviantan a la gente pobre contra el gobierno.

¡Paf! El interrogador le atiza a Mohmin un bofetón tan fuerte que le pone la cabeza como una olla de grillos. ¿Qué puede contestar? Mohmin no conoce a ningún cabecilla. Su compañero Abdul le habló de la huelga que estaba planeada. Pero él no es ningún cabecilla. ¡Paf!

Mientras Mohmin todavía está en la oscura sala de interrogatorios, Kholil ha conseguido regresar a escondidas a su lugar de trabajo. En la nave de aprovechamiento hay varios contenedores. Están llenos hasta arriba de bolas de residuos de plástico aplastados. Los trabajadores arrastran las bolas y las cortan en trozos. La máquina trituradora hace trizas sobre todo los envases y las botellas de plástico, dejándolos reducidos a pequeñas hojuelas. Después, estas hojuelas se lavan y pasan a una cinta transportadora.

Al lado de la cinta transportadora están Kholil y otros muchos jóvenes clasificando las hojuelas con ágiles manos. Deprisa, deprisa: las de colores a la izquierda; con ellas se harán luego láminas y materiales de relleno. Deprisa, deprisa: las blancas a la derecha; con ellas se puede producir un hilo de tejer incoloro que luego se puede teñir.

Hoy, Kholil trata de ser aún más rápido que los demás. Quiere demostrar lo formal que es. Nunca jamás volverá a ir a una manifestación. Deprisa, deprisa, deprisa. Pero ¿qué ha sido de Mohmin?

25 de agosto de 2005. Tras un largo interrogatorio han dejado marchar a Mohmin. Ahora se encuentra puntualmente delante de la puerta de la fábrica para el primer turno, atemorizado, con la mejilla hinchada y un ojo morado. La puerta se abre; junto al vigilante está el director de la empresa en persona. Detiene a Mohmin:

–¿Cómo te llamas?

–Mohmin.

–¡Ayer faltaste al trabajo y estuviste en la manifestación!

Mohmin no contesta, se limita a mirar al suelo.

–¡Debería echarte ahora mismo! Pero no tengo sustituto para los inyectores. Y tenemos que hacer turnos extra. Todas las fábricas de tejidos están aumentando la producción de forro polar y de repente quieren nuestro hilo de poliéster. ¡Así que andando!

Mohmin se marcha a toda prisa; mientras tanto, se le escapa una breve oración de agradecimiento:

–¡Alabados sean Alá y Mahoma, su profeta!

–¡Pero te tendré vigilado! –oye aún a sus espaldas.

Mohmin se afana alrededor del horno de fundición, donde se están calentando juntas parte de los gránulos de polietileno que se han obtenido de nuestro crudo y parte de la materia prima de polietileno reciclada procedente de Alemania

Su puesto de trabajo está en las toberas. La masa que está en el horno tiene la temperatura correcta. Abre las toberas especiales, de las que salen hilos de poliéster muy finos. Mohmin hace que los hilos pasen por una corriente de aire donde se endurecen, pero sin perder la elasticidad. Los hilos de poliéster se devanan y finalmente se enrollan en bobinas. Las fibras para el forro polar sufren todavía una manipulación especial. Se cardan para que después el tejido sea blando y tupido.

Para Bangladés, estas fibras sintéticas tienen una importancia particular. El 75% de las exportaciones del país consiste en tejidos, sin embargo Bangladés no tiene algodón. Si hay que importar algodón los beneficios disminuyen. Pero, por suerte para la industria textil del país, en las últimas décadas se ha impuesto un nuevo producto: las fibras sintéticas, especialmente el poliéster. En todo el mundo, el 40% de los tejidos se produce ya utilizando estas fibras sintéticas. Bangladés dispone de crudo propio y por tanto tiene la posibilidad de producir fibras sintéticas como el forro polar para mi chaleco.

Capítulo 5

Carreras en tuc-tuc, lluvias torrenciales y el nacimiento de un chaleco de forro polar que no estaba en el programa: la vida cotidiana en la industria textil de Blangladés

1 de septiembre de 2005, delante del Hotel Intercontinental, en el centro de Dhaka, la capital de Bangladés. Nada más salir del hotel, tres agentes comerciales europeos se ven rodeados. Todos los conductores de los aproximadamente 30 taxis de tres ruedas que se encuentran ante el hotel quieren llevarse a los *bideshi*, los extranjeros. Los comerciales suben en el de Hasán, que es el único que está tranquilamente sentado, expectante, en su tuc-tuc.

Por las ciudades de Asia circulan miles y miles de estos vehículos motorizados de tres ruedas, que en todas partes llaman «tuc-tuc»: el porqué le queda claro a todo el mundo en cuanto el motor arranca, ya que empieza a resoplar muy despacio y luego cada vez más deprisa y más estrepitosamente, sacudiendo con violencia a conductor, pasajero y carga aun antes de empezar a andar. En un momento u otro se pone en marcha y entonces ya es muy difícil frenar. Los tuc-tuc se cuelan por todas partes, pasan por los callejones más estrechos, por donde no cabe ningún coche. Y en las épocas de inundación bastan dos o tres hombres para sacarlos del más denso barrizal.

Los tuc-tuc tienen cabina y pueden transportar a dos o tres personas, en ocasiones incluso a cinco o seis. Y si hace falta también voluminosos cargamentos de arroz, periódicos o muebles. Pero cuando más dinero obtienen es cuando tienen la suerte de llevar a *bideshi*. A ellos se les puede pedir más que a los nacionales.

Pero Hasán, gane mucho o poco, por la tarde tiene que entregar la mayor parte del dinero, ya que, como la mayoría de los conductores, ha comprado su tuc-tuc con dinero prestado. Se lo ha dejado un prestamista privado que exige por ello un interés del 10% al mes. Por eso Hasán tiene que aceptar todos los trabajos.

El vehículo se dirige a una fábrica de tejidos en la periferia de la ciudad. «¡Directamente y muy deprisa!», le ordena uno de los *bideshi*. Esta orden es del todo innecesaria, dado que el prestigio de Hasán se debe a que conduce uno de los tuc-tuc más rápidos de Dhaka.

Aunque los tuc-tuc solo tienen tres ruedas, cuentan también con una bocina especialmente grande y ruidosa. En Bangladés, la bocina es casi tan importante como el motor, porque con ella Hasán se hace respetar: «¡Prooo! ¡Prooo! ¡Quítense de en medio, que voy!».

Una agradable brisa alivia el bochorno y hace mecerse las hojas de algunas palmeras solitarias. Estas palmeras están en los pequeños jardines que se ven delante de unas casas pintadas de blanco. ¿Estamos todavía en Bangladés? Sí, el tuc-tuc de Hasán está atravesando Dharmandi, uno de los barrios elegantes de Dhaka, y pasa por la National Square.

Dhaka, con sus barrios marginales, tiene unos catorce millones de habitantes. Por lo menos la mitad de ellos viven en zonas deprimidas. Bangladés siempre aparece en los medios de comunicación por lo mismo: inundaciones y hambre. Sin embargo, también hay playas, parques naturales e incluso montañas y bosques en los que aún viven tigres de Bengala.

Pero al poco rato el escenario cambia bruscamente: una zona deprimida y detrás largos edificios de fábricas que parecen grandes cajas de cartón. La mayoría son fábricas de tejidos construidas a toda prisa, ya que toda la región que rodea Dhaka se ha especializado en el sector textil.

A una de estas fábricas se dirige Hasán con sus pasajeros. Dicho con exactitud, hacia la fábrica en la que continúa la elaboración de nuestro hilo de poliéster. Desde Chittagong trajeron aquí un cargamento entero en camiones y, en estos últimos cuatro días, lo han elaborado para convertirlo en tejido de forro polar.

Aunque es de día y la nave es gigantesca, dentro está oscuro y se tiene una sensación de sofoco. Y encima el ruido: por todas partes se oye traquetear y entrechocar rítmicamente. Solo unos pocos trabajadores se mueven entre los telares mecánicos. Estos funcionan en principio igual que los antiguos telares manuales: se extienden los hilos longitudinales uno al lado de otro; se empujan alternativamente hacia abajo y hacia arriba para que pueda deslizarse la lanzadera con los hilos transversales. La única diferencia es que en un taller industrial el telar es mucho más grande y que se tira la lanzadera en los huecos mediante aire a presión o presión hidráulica. Después se sujeta todo con una especie de peine, pero de modo que entre los hilos longitudinales queden pequeños nudos.

En una manufactura posterior se deshacen esos nudos; como en una alfombra del suelo, aparecen muchas pequeñas crines salientes, que se cardan otra vez con una especie de rastrillo. Así, el forro polar se vuelve blando y mullido, y entre los hilos se forman pequeñas cámaras de aire que luego aislarán el calor del cuerpo. Para terminar, la larga tira de tejido de forro polar se enrolla formando un fardo de unos 40 kilos de peso.

Después de un viaje de tres cuartos de hora, Hasán deja a sus *bideshi* en la fábrica de tejidos. En realidad, ahora podría pedir por la carrera cuatro o cinco veces más de lo acostumbrado. Pero del pago se cuida el portero, que conoce el precio exacto. ¡Lástima! Pero, por suerte, la decepción se mitiga enseguida. A Hasán le encargan en el momento un nuevo trabajo: transportar fardos de forro polar. Cuatro trabajadores los cargan en toda la cabina y en el portaequipajes, y el vehículo gime por el peso.

Mientras Hasán y el portero supervisan la operación, el fabricante de tejidos pasa por la puerta en un flamante Mercedes. El portero lo sigue con la mirada y le dice a Hasán:

–En nuestro país solo les va bien a los dueños de las fábricas, a los políticos y a los generales; para todos los demás no hay buenos empleos. ¿Por qué lo permite Alá?

Hasán se limita a hacer un gesto de asentimiento y sube a su tuc-tuc. No quiere llevar la contraria al portero, pero sabe que los empleos malos no son todos igual de malos. Ser portero, por ejemplo –piensa él–, es un buen empleo malo. No se gana mucho, pero lo único que hay que hacer es estar ahí plantado todo el día. Tomar té, charlar con la gente e insultar a los trabajadores. Pero en el lugar al que va ahora sí verá un trabajo que es realmente malo, el de los tintoreros. Arranca el vehículo y acelera.

Tampoco el camino que lleva hasta allí es especialmente tentador. Se pasa por zonas deprimidas y fábricas en ruinas, todos los edificios han sufrido daños por las intensas lluvias monzónicas. Pisos enteros que todavía están inundados y enormes baches en la calle.

Todavía aturdido por tantas sacudidas, Hasán entrega los fardos en la tintorería. Un guarda vigila que Hasán no vaya por ahí y vea demasiadas cosas. Aunque para ver algo no hay más que echar un vistazo al brazo de río que corre por detrás de la fábrica: unos días está rojo, otros azul o verde, según los restos de tinte que haya arrojado al agua la fábrica, al amparo de la oscuridad. Aquí, en los alrededores, toda el agua está envenenada. La gente que se lava en ella se pone enferma. El agua potable la coge de fuentes, pero en la época de los monzones los ríos las inundan.

Hasán también sabe lo que pasa en las grandes naves desvencijadas. Un hombre de su barrio se lo ha contado. Allí hay numerosas tinas, tan grandes como pequeñas piscinas. Están llenas de lejía, ácidos venenosos y todos los pigmentos imaginables. En ellas se blanquean primero los tejidos hasta que quedan blanquecinos, para que luego resplandezcan bien los colores auténticos.

Aunque hay grandes máquinas que devanan la mayoría de las piezas de tejido y las pasan por las tinas de los tintes, los trabajadores –en su mayor parte jóvenes– tienen que meter los brazos desnudos en esas tinas varias veces para evitar atascos. Y repetidas veces se encaraman a ellas y pisan las telas con los pies para sumergirlas bien en el líquido venenoso. Después de teñirlas, las piezas de tela se cuelgan a secar en cuerdas de tender de cientos de metros de longitud.

Las piezas de forro polar, finalmente, son objeto de un tratamiento especial: se meten en otras tinas que contienen un disolvente; al recubrirse de una fina película no se formarán luego pequeños nudos en el tejido de forro polar.

*

15 de septiembre de 2005, 7.45 h. Hasán está nuevamente con su tuc-tuc en la puerta de la tintorería. Lleva cuatro fardos grandes y uno pequeño de forro polar embutidos en el vehículo. El fardo pequeño es de color rojo vivo. Cargado hasta los topes, el tuc-tuc sale traqueteando por la puerta y toma el camino hasta la fábrica textil Garni International.

A esa hora aguardan allí unas doscientas costureras. Los guardas solo tienen la puerta abierta diez minutos. Para algunas costureras no es nada fácil ser puntuales, ya que no tienen reloj. Y tampoco hay ninguno en la calle.

Poco antes de las 8.30 llega Hasán a la fábrica textil. Le abren la puerta y pasa al interior. Cuando la puerta se vuelve a cerrar, aún se escurre en el último momento una costurera menudita. Es Taslima, de 17 años, que corre inmediatamente al edificio de la fábrica y sube a toda prisa la escalera hasta su planta. Un guarda grita tras ella:

–¡Sapo miserable! ¡La próxima vez te daré con la puerta en las narices!

Así son aquí las cosas: las jóvenes costureras –todas de entre 16 y 30 años– no reciben un trato precisamente amable.

Taslima entra en su nave, que se encuentra en la segunda planta; en ella hay más de 80 máquinas de coser en dos largas hileras. Se sienta en su lugar de trabajo, justo en medio. Aquí pasará las próximas 11 o 12 horas sin hacer otra cosa que coser. Detrás de ella están apiladas ya las piezas de forro polar cortadas que hay que coser: su sección trabaja desde hace dos días en una enorme partida de chalecos de forro polar.

Coge una espalda, sujeta con alfileres un delantero derecho en el que ya está colocado el bolsillo. Tac, tac, tac, tac: ya ha hecho la primera costura de la hombrera, luego viene la primera costura del costado. Tac, tac, tac, tac. Y ahora el delantero izquierdo...

Taslima está contenta de poder estar sentada delante de su máquina de coser. Los primeros seis meses estuvo de ayudante; tenía que estar al servicio de cinco costureras y cobraba solo la mitad del sueldo de una costurera. Pero aprendió deprisa y luego, cuando faltó una costurera de su grupo, ocupó su puesto como un rayo.

Tac, tac, tac, tac. Taslima coloca hábilmente el cuello y lo cose. Ribetea las mangas con una tira al bies, cose el borde inferior del chaleco y finalmente la cremallera. El primero de los innumerables chalecos que se van a coser hoy está terminado. Y ella se ha librado de que le echen la bronca por llegar tarde. Y de que la amenacen con reducirle el salario, que es aún peor.

La nave está atestada, mal iluminada y muy mal ventilada. Como la época de los monzones está a punto de acabar, hay agua por todas partes. Huele a moho y hace un bochorno tremendo. Se suda solo con respirar, pero cuando uno está trabajando deprisa el sudor le cae a chorros por todo el cuerpo.

Como mucho en la segunda o tercera prenda que cose, las manos de Taslima trabajan de manera automática. Sus pensamientos huyen de esta nave oscura y asfixiante y vuelven junto a su familia. Vive fuera, en el campo, a tres horas de viaje en minibús. Solo cada dos o tres meses le dan unos días libres y puede irse a casa. Se encuentra con todo el vecindario reunido en casa de su tío: 20 o 30 personas se acuclillan ante el único televisor que hay en la aldea. En Bangladés hay solamente seis televisores por cada cien habitantes, y en el campo todavía menos. Así que lo de reunirse para ver la televisión es un acontecimiento social.

De todos modos, tres cuartas partes del tiempo de emisión de los canales privados se compone en exclusiva de propaganda. Es demencial: tanta publicidad en un país en el que más de la mitad de la gente vive con menos de un euro al día y nunca podrán comprar ninguno de esos artículos. Hay anuncios de nuevos coches y móviles, del aceite de mostaza para cocinar, especialmente bueno, y de cosméticos para las mujeres.

El canal público BTV, por el contrario, ofrece muchos programas culturales. En él dan también el programa favorito de Taslima, el favorito de todas las niñas y muchachas de Bangladés: *Meena*, una serie de dibujos animados al estilo de *Heidi*. Meena es una niña de diez años muy valiente. Le gusta ir al colegio, es más lista que nadie de su familia y se defiende contra la opresión a que están sometidas las chicas: se opone a que las casen cuando todavía son menores de edad, a que no reciban educación y a que no las lleven al médico cuando están enfermas.

Las niñas y las mujeres casi siempre ven la televisión solas. Cuando los hombres están en casa las ponen verdes. A ellos no les gustan los programas como *Meena*. Quieren que las mujeres estén metidas en casa, obedezcan ciegamente a sus maridos y les entreguen su dinero.

¡Tac, tac, tac, tac! También en la fábrica de tejidos mandan los hombres. Las costureras no pueden levantarse de su asiento sin permiso de los capataces. No pueden ir al cuarto de baño sin permiso. ¡No pueden ni siquiera hablar sin permiso!

–¡Tú eres hija de un perro! –se oye vociferar en la nave. Los capataces las insultan cuando les da la gana, y hoy están especialmente furiosos. Pero ¿por qué?

¡Tac, tac, tac, tac! Tras millones de puntadas –eso le parece a Taslima– llega por fin el anhelado aviso:

–¡Descanso del mediodía! ¡Media hora, ni un segundo más!

Las costureras se dispersan por la fábrica y forman pequeños grupos. Todas comen y charlan al mismo tiempo. Y de este modo se extiende un rumor de grupo en grupo: esta partida de chalecos de forro polar hay que acabarla hoy. ¡Antes no se podrán ir a casa las de la segunda planta! Vaya por Dios, piensa Taslima, y engulle apresuradamente el almuerzo que se ha traído, arroz frío con verdura. Las mujeres tienen que sacrificar parte de la pausa para hacer cola en los baños, puesto que no saben cuándo podrán ir otra vez.

Tac, tac, tac, tac... Taslima está sentada de nuevo en su sitio. La breve pausa apenas le ha servido de descanso. Pero es muy joven y está llena de energía. Y sigue un plan: en ningún caso

SALARIOS BAJOS, RIESGOS ALTOS: LAS TRABAJADORAS DE LA INDUSTRIA TEXTIL DE BANGLADÉS

11-12 de abril de 2005. Durante el turno de noche se hunde una fábrica de tejidos de nueve plantas en Savar, un suburbio de Dhaka. Lo más probable es que el edificio fuera construido de forma chapucera, pues se terminó hace solo unos meses. Los equipos de salvamento no tenían excavadoras adecuadas; estuvieron ocho días buscando a los sepultados con las manos. El triste balance del accidente fue 61 muertos y varios centenares de heridos.

La cifra de víctimas es tan alta también porque en las fábricas no hay salidas de emergencia. La mayoría de las aproximadamente 3.000 fábricas que producen para el extranjero no cumplen las normas legales de seguridad. La única entrada que hay suele estar cerrada durante las horas de trabajo para que nadie pueda colarse dentro ni salir sin ser visto.

Espacios atestados de gente, mala iluminación, medidas de seguridad casi inexistentes. ¿Podemos sorprendernos de que haya graves accidentes con frecuencia? Desde 1990 han muerto 356 trabajadores y trabajadoras en las fábricas de tejidos, y 2.500 resultaron gravemente heridos. Los heridos leves no los cuenta nadie aquí.

En la industria textil trabajan unos dos millones de personas; el 90% son mujeres jóvenes de menos de 25 años. Tienen que trabajar hasta 100 horas a la semana (en Alemania la jornada es de 38,5 horas semanales). El salario medio del país se fijó en 1994: una ayudante cobra 930 takas al mes (al cambio, 12,40 €); una buena costurera, 1.710 takas (19 €); una costurera experimentada, 2.100 (23 €). Pero una habitación para una costurera cuesta 800 takas (9 €).

Solo haciendo muchas horas extraordinarias pueden las costureras ayudar a sus familias. Pero muchas veces no les pagan las horas extras, o les pagan solo parte de ellas. Además, los vigilantes las insultan y les pegan. Por eso las trabajadoras piden que se las trate con corrección. Y luchan para que se suba el salario medio de modo que puedan vivir ellas y sus familias.

> Sin embargo, los propietarios de las fábricas aducen que la competencia mundial se ha intensificado y piden lo imposible: que las trabajadoras suministren mejor calidad y reciban salarios aún más bajos.

le gustaría que le sucediera como a su madre. Tiene ocho hijos y está siempre en casa. Cocina para todos y espera hasta que todos están hartos; entonces come lo que ha sobrado. Taslima y su hermana son las únicas de la familia que saben leer y escribir.

Con ayuda de sus parientes, los padres de Taslima pudieron comprar un trozo de tierra para su cabaña y para un pequeño huerto que cultiva la madre. Pero si los padres quieren dedicarse a la agricultura tienen que arrendar tierra al terrateniente. Por ello les pide la mitad de la cosecha. Para sobrevivir, durante la época de los monzones el padre de Taslima trata de encontrar trabajo en Dhaka o en Chittagong, trabajo de peón.

No, Taslima haría las cosas de otra manera. Ella pediría un microcrédito al Grameen Bank. El Grameen Bank es un banco muy especial que surgió en Bangladés. Presta dinero a unos intereses muy bajos; hay que cumplir algunas condiciones: la primera es que, para acceder al crédito, la familia no tiene que poseer tierra propia, una tienda o un tuc-tuc; se presta preferentemente a mujeres. El Grameen Bank sabe que la pobreza es más dura para las mujeres y por ello manejan el dinero de forma más inteligente. Los hombres, muchas veces, quieren presumir ante otros hombres y malgastan el dinero en tonterías.

–¡Cómo! ¿Otra vez quieres ir al baño? ¡Para hacer el vago! –la voz de un capataz atraviesa el grupo.

El mismo día a las 20 h. El turno normal de trabajo entre 10 y 12 horas ha terminado; a Taslima le da la impresión de que lleva varios días seguidos detrás de su máquina de coser. Así que era cierto: ¡la partida «mil chalecos de forro polar para Alemania» tiene que estar terminada para mañana temprano!

Tac, tac, tac, tac..., ¡otra cremallera! Taslima hace rato que está cansada y tiene los brazos tan flojos como si hubiera llevado dos cántaros de agua llenos. Pero sobre todo ya no logra pensar en cosas bonitas. De vez en cuando se le cierran los ojos de agotamiento y entonces cree ver algo horrible: ¡el agua entra por todas partes, a través de las puertas y de las paredes, mientras ella y su familia están acostados en el suelo, durmiendo!

Cada año, en la época de los monzones, la casa de sus padres es rodeada por el agua y los ciclones casi la destrozan. Para poder reconstruirla rápidamente las paredes están hechas solo de adobe, paja, bambú y láminas de plástico. El año pasado todo fue distinto, mucho peor. Esa vez el diluvio duró más de lo normal, desde principios de julio hasta mediados de septiembre. Los ríos se desbordaron e inundaron primero los terrenos más bajos y luego, paulatinamente, los demás. Al final solo las aldeas sobresalían como islitas de la interminable masa de agua. Ya no había calles, ya no había trabajo. Únicamente quien tenía una barca consiguió marcharse a otro sitio. Después fue aún peor: estaban rodeados de agua por todas partes, sin embargo no tenían agua potable buena, limpia. Era difícil preparar la comida. Las mujeres de la aldea compartían un sitio seco para encender fuego y poder cocinar.

En agosto el agua no descendió como en otras ocasiones, sino que empezó a subir otra vez. La familia de Taslima construyó a toda prisa una pequeña plataforma en la que cabían justo ellos y la vaca. Hasta que una noche se despertaron todos porque el agua estaba entrando en la casa y las paredes de adobe se estaban hundiendo. Al final, a Taslima y a sus hermanos el agua les llegaba a la cintura. Por la mañana, la familia abandonó su cabaña y todos estuvieron unas semanas viviendo en casa de unos parientes, en la ciudad.

En ese tiempo pudieron sobrevivir porque pidieron un crédito. De todos modos, fue muy caro: el prestamista local les exigió un interés del 20%, no anual, sino mensual. Sus padres todavía lo están devolviendo con una parte de los ingresos de Taslima...

Tac, tac..., ¡ay! Taslima da un grito. Casi se ha atravesado la mano. Cuando las mujeres están cansadas y agotadas hay muchos accidentes con las agujas o con las afiladas cuchillas. Esto no puede pasarle a ella jamás de los jamases, porque la familia solo tiene unos ingresos seguros desde que ella tiene este empleo en la fábrica de tejidos. Y por eso a Taslima ni siquiera se le ocurriría la idea de dejar su empleo. Aunque a veces le falta poco para desplomarse de agotamiento. Entonces se seca las lágrimas, piensa en su familia y sigue trabajando.

Las 23.05 h. Taslima y sus compañeras llevan cosiendo 15 horas ininterrumpidas. Hoy solo han tenido el descanso del mediodía. Situación actual: están terminados 889 chalecos. Hace varias horas que Taslima necesita ir al cuarto de baño, pero desde las ocho de la tarde el capataz no ha dejado salir a ninguna mujer. En lugar de eso, no deja de increparlas:

–Inútiles, que sois más lentas que una tortuga.

Los fardos de forro polar beis, azul y marrón se hacen cada vez más delgados. «Espero que haya bastante tela –piensa Taslima–; si no, nos pegarán.» Tac, tac, tac, tac...

La 1.10. La tela de forro polar se ha terminado. Solo quedan retales pequeños en las mesas de cortar. El capataz grita a los cortadores:

–¡Perros! ¡Habéis cortado trozos demasiado grandes! ¡Os lo voy a descontar del salario!

Taslima ya no lo soporta más. Se levanta, echa a correr por el pasillo y busca tela aprovechable por todas partes. ¿Qué haría ahora Meena, su heroína de la televisión? Entonces Taslima ve, apoyada en una hornacina de la pared, el fardo pequeño, el de color rojo vivo.

–¡Aquí! ¡Aquí hay un poco más!

Saca la tela de la hornacina.

–¡Pero si es roja! –gruñe un cortador.

–¿Y qué? ¡Seguro que habrá alemanes a los que les guste ese color!

–¿Hombres con chaleco rojo?

El cortador mira interrogante al guarda. Este se encoge de hombros.

–A mí me da lo mismo. ¡Lo que importa es que nos vayamos todos pronto a casa!

Así que, sin más, echan mano de la tela roja. Tac, tac, tac, tac... En un abrir y cerrar de ojos han aparecido unos cuantos chalecos de color rojo vivo. En cuanto mi chaleco ve la luz del día, lo meten a presión junto con otros en una caja de cartón. Ha sido una noche muy dura. A pesar de todo, no despedirán a ninguna costurera...

Capítulo 6

En el reino de las oscilantes cajas de hojalata: de viaje hacia Europa en un portacontenedor

16 de septiembre de 2005. En el patio de la fábrica textil del extrarradio de Dhaka se encuentra desde hace dos semanas un contenedor metálico rojo muy grande: mide unos 6 metros de largo por 2,30 de alto y otro tanto de ancho.

Día tras día se van cargando en él cajas de cartón repletas de textiles. Pero llenarlo cuesta varios días. Caben en él miles de prendas: además de los chalecos, también una enorme cantidad de chaquetas, pijamas y prendas deportivas de forro polar. El contenedor tiene ya unas cuantas abolladuras y está algo oxidado. Lleva ocho años viajando por el mundo sin parar.

Después de embutir, hacia las diez, tres cajas con chaquetas de forro polar en el último hueco del contenedor, ocho trabajadores tienen que unir sus fuerzas para cerrar la puerta y que el mecanismo de cierre pueda encajar.

Esta vez el fabricante textil no recurre a Hasán, pues su tuctuc es demasiado pequeño para el contenedor. Este se cargará en un gran camión, muy sucio. El camión, tambaleándose repetidamente, marcha por las calles llenas de barro en dirección al puerto de Chittagong. Una vez allí, el conductor descarga el contenedor rojo, y pasan días sin que ocurra absolutamente nada. El contenedor permanece en las instalaciones portuarias mientras las últimas lluvias monzónicas le caen encima con fuerza.

Así sucede a veces: las costureras se matan a trabajar hasta desmayarse para cumplir el plazo, y en la etapa siguiente se queda todo atascado varios días. ¿Es que se han olvidado del contenedor? No, unos aduaneros piensan en él continuamente. A pesar de ello, siempre encuentran en la documentación algo que no está correcto. Un día, que la descripción del contenido no es lo bastante detallada; al día siguiente, que le falta un determinado sello del Ministerio de Economía.

21 de septiembre de 2005. Tras cinco días de enérgicas llamadas telefónicas, el propietario de la fábrica textil acude en persona al puerto. Primero le hacen esperar una hora. Después le explican que le falta un certificado adicional del Ministerio de Asuntos Exteriores. ¡Esta disposición es una completa novedad! El propietario de la fábrica levanta las manos y solicita mantener una conversación en privado a un aduanero de la puerta. Un sobrecito cambia de dueño, el propietario de la fábrica se va a tomar el té y cuando vuelve todos los papeles están OK.

Es importante saberlo: Bangladés está clasificado por la organización Transparency International como uno de los países más corruptos del mundo. Esto quiere decir que aquí ningún funcionario mueve un dedo si no recibe una compensación monetaria por ello. *Bakshish* es la palabra mágica; en realidad procede de Oriente pero se entiende en toda Asia y África. El *bakshish* es el soborno con el que se salvan situaciones sin solución.

*

Después, el 22 de septiembre de 2005, una autogrúa levanta el contenedor y lo lleva al muelle. Allí está amarrado el portacontenedor *Dhaka*. El *Dhaka*, con cabida para 250 contenedores, es el denominado «buque *feeder*». Los buques *feeder* son los «carteros» de la navegación de carga: más pequeños y con menos calado que los grandes colosos de carga. El *Dhaka*, con sus

LA MARCHA TRIUNFAL
DE LA CAJA DE HOJALATA

Hace poco más de 50 años, en 1956, se inició la revolución de los contenedores. El americano Malcolm McLean tuvo una idea: en vez de pasar los cargamentos cosa por cosa del camión al barco o al vagón de tren, debían estibarlos desde el principio en cajas metálicas móviles. Estas cajas sueltas se pueden transbordar con mucha más facilidad, y la idea se impuso. Un contenedor estándar –un TEU (*Twenty Foot Equivalent Unit*)– tiene el mismo tamaño en todo el mundo: 20 pies, es decir, unos 6 metros de largo; 2,30 metros de ancho y lo mismo de alto. Tiene una capacidad de unos 30 metros cúbicos. Actualmente se está imponiendo cada vez más el 2 TEUs, que tiene unos 12 metros de largo.

En nuestra época, los contenedores han «conquistado» el mundo: más de la mitad de todas las mercancías se transportan en contenedores por todo el mundo. Se calcula que existen unos 20 millones de contenedores. En 2005 se realizaron con ellos unos 300 millones de movimientos. Sin estos contenedores no existiría la globalización, al menos a este ritmo. El 95% del comercio mundial se desarrolla a través de los mares. Las compañías navieras transportan materias primas como petróleo y minerales de hierro en petroleros y cargueros especiales, el resto –artículos, componentes y prefabricados, así como residuos y chatarra– en contenedores.

4,5 metros de calado, puede remontar los numerosos ríos poco profundos que desembocan en las costas asiáticas. Hasta con marea baja puede salir del puerto de Chittagong y descender por el Karnafuli hasta salir a la bahía de Bengala.

El *Dhaka* pone rumbo al sur y se mantiene siempre cerca de tierra firme. Desde el puente se puede reconocer en la costa una larga franja de tierra: es Cox's Bazar. Esta playa de arena se extiende a lo largo de más de 130 kilómetros; es la playa más larga del mundo. Pero solo unos pocos turistas se dejan caer por aquí. ¿Unas vacaciones en Bangladés? No; cuando oímos nombrar a Bangladés lo único que se nos viene a la cabeza a los occidentales son imágenes de inundaciones y gente muriéndose de hambre.

25 de septiembre de 2005. La tripulación ha pasado tres días tranquila, el tiempo ha seguido siendo bueno, no ha habido incidentes a bordo y en el horizonte se extiende la costa, siempre igual, en algún lugar detrás de la cual se encuentra la frontera entre Birmania y Tailandia.

Con todo, a bordo no reina un ambiente relajado. A medida que se aproximan al estrecho de Malaca, más inquietos se sienten el capitán y sus hombres. No es una travesía fácil, y mucho menos para cargueros pequeños y medianos como el *Dhaka*, pues este estrecho está dominado por los piratas.

Todos los barcos que quieren ir del oeste (Europa, África, Oriente Próximo, India) al este (China, Filipinas, Japón) tienen que pasar por este estrecho, ya que la cadena de islas que forma Indonesia cierra el acceso al mar de China Meridional y no deja más que un pasaje de unos 1.000 kilómetros de longitud y, en parte de él, de solo 25 de anchura: el estrecho de Malaca.

Unos 50.000 buques mercantes pasan al año por este estrecho, donde tiene lugar el 50% de todos los ataques de piratas que hay en el mundo. Pero ¿es que los piratas no son cosa del pasado? No, aunque hoy ya no navegan con barcos de vela y la bandera de la calavera, sino con discretos barcos pesqueros o pequeñas lanchas rápidas. Atacan con rapidez y brutalidad. A bordo del *Dhaka*, todos están sudando de tensión, sobre todo el capitán. Es que él ya ha experimentado un ataque de piratas. Una pequeña cicatriz en su mano izquierda aún se lo recuerda. No fue todo lo rápido que hubiera debido ser cuando llevó a la caja fuerte del barco a aquellos hombres, armados con pistolas y machetes. Cada barcaza que se acerca a ellos hace que se le acelere el pulso.

Después de diez horas de tensión, llega por fin la liberación. En medio de la noche se despliega de pronto ante el *Dhaka* un deslumbrante decorado teatral. Donde hace un momento aún reinaba la oscuridad se levantan ahora cientos de columnas de luz grandes y pequeñas. Se oyen zumbar helicópteros e innumerables bocinas. Huele a lluvia, que se evapora en las calurosas calles. Es el inconfundible Singapur, la pequeña ciudad-estado que se alza en el extremo más meridional del continente asiático.

La ciudad fue fundada hace 250 años por los británicos como un emplazamiento comercial; en la actualidad, Singapur es el puerto de carga más grande del mundo. Aquí se cruzan los ejes del comercio mundial: la ruta Extremo Oriente-Europa, la ruta Extremo Oriente-sudeste asiático/Oriente Próximo, y la ruta Extremo Oriente-Australia. En el año 2005 por aquí pasaron 20 millones de contenedores, y cada año la cifra aumenta en dos o tres millones. Esto equivale a 63.000 contenedores diarios. Una cosa así solo funciona si reina un orden absoluto.

Pero también se conoce a Singapur como el país del orden: está prohibido tirar un chicle en la calle, y a los fumadores solo se les permite entregarse a su vicio en unas vitrinas instaladas para ese fin. Y el puerto de carga de Singapur es un reino del orden por derecho propio dentro del país del orden. Y por eso aquí todo marcha como la seda: en unas cinco horas ya está descargado el *Dhaka*.

*

27 de septiembre de 2005. El contenedor de los chalecos de forro polar solo está unas 21 horas entre todos esos cientos de contenedores; luego lo recoge una grúa de carga y lo deposita en el fondo de un enorme carguero. El *World Star* ha echado amarras en el muelle; es uno de los portacontenedores más nuevos que hay: tiene 312 metros de eslora y la más moderna tecnología de a bordo, y puede cargar unos 8.400 contenedores.

El *Dhaka* había cargado solo para un puerto de destino; eso es sencillo. Otra cosa es cuando se reciben a bordo 8.400 contenedores y en el transcurso del viaje se hace escala en doce puertos, en los que una y otra vez hay que intercambiar partes de ese cargamento.

Es todo un arte colocar los contenedores de tal manera que puedan ser cargados y descargados con el menor movimiento posible. En la sede central de la compañía naviera, dicho arte lo domina el ingeniero Walter Smith. Este experto ha calculado en el ordenador la colocación óptima; para hacerlo ha necesitado varios días, a pesar de disponer de un *software* perfeccionado. Con la ayuda de este plan, el ingeniero de a bordo, Philipp Connor, inspecciona ahora la carga y descarga en la pantalla de su ordenador.

Aquí, en el ordenador, los contenedores no se ven del color que tienen en realidad, sino del asignado a su lugar de destino: los rojos van a Yidda (Arabia Saudí), los verdes a Barcelona (España), los amarillos a Southampton (Inglaterra), los violeta a Róterdam (Holanda), los azules a Hamburgo (también nuestro contenedor de forro polar). El gris es el distintivo de los contenedores vacíos; que hay pero casi únicamente en la travesía de Europa a Asia. Los contenedores de mercancías peligrosas llevan además una marca extra y van en un sitio especialmente seguro.

Durante la carga, el ingeniero de a bordo tiene que tener muy en cuenta la distribución del peso en el barco, pues este no debe dar bandazos. Si se colocan demasiados contenedores a estribor o a babor, él estabiliza el barco poniendo un tanque de lastre lleno de agua en el lado contrario.

En Singapur hay que cargar y descargar más de 2.000 contenedores. El *World Star* tiene 20 horas justas para hacerlo. 20 horas, es decir, 1.200 minutos, con lo que cada movimiento de un contenedor solo puede durar poco más de medio minuto.

Los 8.023 contenedores con los que el navío va a salir de Singapur están colocados en el barco formando 19 filas, una detrás de otra. Cada fila se compone a su vez de hasta 25 puestos. Y

LOS PORTACONTENEDORES

En el año 2007 había en todo el mundo unos 3.500 portacontenedores. Pero al mismo tiempo se construyeron, o al menos se planificaron para los diez años siguientes, unos 5.000 nuevos.

En 2005, los mayores cargueros podrían contener 8.400 TEUs. Pero ya en 2006 salió de los astilleros el siguiente megabuque: el *Emma Maersk*, de 397 metros de eslora, con una capacidad de 11.000 a 13.000 TEUs.

Hasta los años setenta Europa dominó la construcción de barcos. Después fue desplazada por Japón. Allí se hace más rápida y más barata. En los noventa, los coreanos pudieron aventajar a los japoneses. La mayoría de los grandes encargos de petroleros y portacontenedores se ejecutan hoy en los grandes astilleros coreanos. Pero ya se está anunciando la siguiente ronda del campeonato: entre tanto, los chinos se han propuesto sobrepasar a los coreanos. Los astilleros alemanes se han especializado en nichos como buques *feeder* y barcos de pasaje. O construyen barcos combinados que son a la vez transbordadores y portacontenedores.

en estos puestos se apilan unos sobre otros en la cubierta entre 15 y 17 contenedores. Cada una de estas pilas puede tener hasta 40 metros de altura, el equivalente a un edificio de nueve pisos. El contenedor del forro polar desaparece entre sus vecinos en el puesto 12, fila 15, cuarto piso.

28 de septiembre de 2005, 18.30 h. Solo con media hora de retraso, el *World Star* sale de la terminal de Singapur. Y los alrededores reclaman de inmediato toda la atención de la tripulación. Ahora, antes que nada, hay que pasar otra vez por el estrecho de Malaca, y encima de noche. Pero la tripulación del *World Star* no tiene que tener tanto miedo como la del buque *feeder Dhaka*.

Para los piratas, los grandes cargueros no son un botín fácil, pues los barcos como el *World Star* son tan altos como edificios y surcan los mares a una velocidad que alcanza los 24 o 25 nudos.

No obstante, el *World Star* tiene un punto débil: la cubierta de popa. Esta terraza abierta, situada en el extremo posterior del navío, es mucho más baja que el resto. En realidad está pensada para el aprovisionamiento en puerto, pero a los piratas les resulta fácil abordarla. Cuando, hacia las dos de la madrugada, un pequeño barco desconocido se aproxima por detrás de forma sospechosa, el capitán Neubold da la alarma. Ocho miembros de la tripulación corren a la cubierta de popa y conectan la gruesa manguera contra incendios. Si algún intruso trepara a bordo, sería arrojado al mar por un potente chorro de agua. Quizá los piratas se lo han imaginado, quizá eran solo unos inofensivos pescadores que querían echar una carrera con el carguero: el *World Star* no sufre molestia alguna.

Sin embargo, lo cierto es que cada mes se informa de entre cinco y seis ataques en el sudeste asiático. Cuando los piratas logran atacar por sorpresa a un barco de 200 o 300 metros de eslora, obtienen un pingüe botín. En ocasiones se conforman con encadenar a la tripulación y robar la caja de caudales de a bordo. Pero cada vez es más frecuente apoderarse de la tripulación; así los secuestradores consiguen un «rescate». Cambian de nombre

el barco y lo descargan en un puerto en el que no sean muy estrictos con la documentación. La lista con los nombres de los «buques fantasma» denunciados últimamente cuelga a modo de aviso en la sala de control del *World Star*.

30 de septiembre de 2005. Aún no han pasado ocho horas y el barco ha salido ya del estrecho de Malaca y ha virado en dirección sudoeste. Ha pasado el peligro de toparse con piratas, pero ahora los amenaza otro: el aburrimiento, ya que son unos 3.000 kilómetros en línea recta en medio del océano Índico. Y después de un cambio de rumbo el *World Star* pondrá rumbo al mar Rojo.

Es un buen momento para largas explicaciones. Cuando el capitán Neubold tiene que explicar para qué nación navega en realidad su barco, primero respira hondo. La respuesta es: el *World Star* pertenece a una compañía naviera alemana y navega para un trust noruego cuyo jefe es austríaco y tiene su sede central en Hong Kong. Actualmente navega bajo bandera panameña, su capitán es alemán, el ingeniero de a bordo es inglés y el resto de la tripulación es de Filipinas. El *World Star* fue construido en los

astilleros Daewoo, en Corea del Sur; en este momento transporta mercancías de China, India, Tailandia y Bangladés, pero también de Australia, para los mercados de Arabia Saudí y Egipto, España, Inglaterra, Holanda, Alemania y toda la zona del mar Báltico.

5 de octubre de 2005. Con dos horas de retraso, el *World Star* ha salido de Yidda, el puerto de carga de Arabia Saudí. El barco puede recibir a bordo 8.400 contenedores; ahora mismo hay 7.923, pues en Yidda se han «tachado» cien, como se dice en la jerga de los marineros. Los que lleva, colocados uno detrás de otro, formarían una fila de casi 48 kilómetros, la distancia de Düsseldorf a Colonia.

Por aburridos que parezcan desde fuera los portacontenedores, en las cajas de metal amarillas, azules y rojas que llevan se transporta más de la mitad de todas las mercancías del comercio mundial: desde vino australiano para Europa, hasta toneladas de productos textiles para el mercado europeo, pasando por toda clase de aparatos eléctricos. Pero también son cada vez más frecuentes los contenedores de grandes empresas que están de mudanza. Pertenecen a personas que trasladan su lugar de trabajo y toda su vida de Europa a Asia o al revés.

La tripulación del *World Star* solo puede saber qué artículos transporta exactamente por lo que pone en la lista de mercancías. Pero, en realidad, esos 7.923 pasajeros le son indiferentes, siempre y cuando estén tranquilos. Pero ¿qué pasa con el contenedor 53-786-23-894 de la fila 3, quinto piso? De su interior está saliendo un líquido rojo que se derrama sobre los contendores de abajo. Parece como si estuviera sangrando. Según la lista de mercancías: pieles de animales, que van a España. La tripulación se figura que las pieles han sido cargadas en el matadero sin más manipulación. El olor que se va extendiendo durante los días siguientes les da la razón: empieza a apestar horrorosamente.

LA LOGÍSTICA EN LA ÉPOCA DE LA GLOBALIZACIÓN

El chaleco de forro polar y su materia prima han recorrido unos 25.000 kilómetros hasta el lugar de destino, Hamburgo: es relativamente poco. Por ejemplo, los componentes de una jarra térmica han podido recorrer el mundo hasta tres veces hasta el momento en que la jarra terminada ha encontrado su comprador.

Expertos de las grandes empresas se preguntan constantemente: ¿qué más hay en el proceso productivo que se pueda desmembrar y suministrar a más bajo precio? ¿Dónde están las materias primas y los prefabricados más ventajosos? ¿Dónde es más barata la mano de obra para mi producto?

Pero la producción globalizada se mantiene y cae con los costes de transporte. Gracias a los portacontenedores, actualmente son tan bajos que en realidad no desempeñan ningún papel. Por ejemplo, ¿cuánto cuesta transportar una botella de vino desde Australia hasta Europa? Por un contenedor que hiciera la travesía Asia-Europa, en el año 2005 había que pagar aproximadamente 1.000 euros. En uno de estos contenedores caben 999 cajas de seis botellas cada una, es decir, por cada botella de vino hay que pagar solo 16 céntimos. Expedir un chaleco de forro polar de Asia a Europa costaba aún menos: nada más que entre cinco y diez céntimos, dependiendo de lo apretado que pueda ir el contenedor.

Pero si en los próximos años el petróleo se hace cada vez más escaso, los precios del transporte subirán. Nadie sabe cuánto tiempo más merecerá la pena mandar los componentes de una jarra térmica a recorrer el mundo tres veces.

Las mercancías van en los contenedores pequeños de colores, la tripulación, por el contrario, vive en la estructura de cubierta, alta y blanca, en la popa del barco. Arriba del todo, en la cubierta A, se encuentran el puente y la sala de control: el cerebro del barco. La cubierta B está reservada a la barriga de los marineros: aquí se alojan las cocinas y el comedor. En la cubierta C, hay otros espacios comunes como el gimnasio y una sala para ver la televisión. En las cubiertas D a G están las habitaciones privadas de la tripulación y el capitán. Debajo se extiende la sala de máquinas: los generadores que proporcionan electricidad para la compleja técnica del barco, y el motor de la nave, que es tan alto como un edificio de seis pisos. Tiene 93.000 caballos, es decir, suficiente para 700 automóviles.

Con este potente motor, el barco dispone de algunas reservas. Las necesita, porque su viaje recorre a veces medio planeta con arreglo a un horario exacto, como un autobús. En los puertos, hay que reservar los atracaderos para las horas correspondientes y pagarlos. Y por eso los retrasos solo se pueden recuperar en alta mar si el coloso cruza el océano a 26 nudos.

La puntualidad es especialmente importante en la siguiente parte del recorrido: la travesía del canal de Suez. El Canal se excavó en las arenas del desierto, hace unos 150 años, justo en el punto en el que el Mediterráneo y el mar Rojo están más cerca. Tiene 195 kilómetros de largo y su anchura pasó de los primitivos 52 metros a 365. Aun así, los grandes portacontenedores y petroleros son tan anchos y profundos que por el Canal solo se puede navegar en una dirección cada vez.

Así pues, los barcos salen alternativamente en convoy. El que pierde su convoy tiene que esperar por lo menos dos días hasta que hayan cruzado el Canal los barcos que van en dirección contraria. Pero el *World Star* tiene suerte. Tiene vía libre por el mar Rojo y alcanza justo a tiempo su convoy.

10 de octubre de 2005. Por la noche, el *World Star* hace escala en el puerto de Algeciras, cerca de Gibraltar. Se ha previsto una estancia de cinco horas para descargar 300 contenedores. Solo se reciben diez nuevos. Sin embargo, aun cuando dispusieran de más tiempo no bajaría nadie a tierra. El capitán y sus oficiales tienen que supervisar la descarga, y para la tripulación en España es todo muy caro. Coger un taxi y beberse unas cervezas en un bar supondría una notable merma en sus ahorros. En casa, toda

la familia depende de sus ingresos (entre 1.000 y 1.200 euros al mes).

Es curioso que la tripulación del barco esté constantemente viajando por todo el mundo sin ver gran cosa de él. Los puertos hacia los que ponen rumbo parecen todos iguales. El único rayo de luz: cada seis meses, la compañía naviera les concede un vuelo a casa y unos días de vacaciones. Ven a sus esposas, hijos y padres una vez cada seis meses. El capitán y los oficiales lo tienen un poco mejor: disfrutan de unas vacaciones en casa cada tres meses.

12 de octubre de 2005. Después de cruzar el estrecho de Gibraltar y costear la península Ibérica, el *World Star* atraviesa el golfo de Vizcaya en dirección al canal de la Mancha. De las cocinas llega un aviso alarmante. Juan, el cocinero filipino, ha visto que en el barco solo les queda col para dos comidas. La col con panceta y salchicha ahumada es el plato favorito a bordo. Comer bien y todos juntos son cosas muy importantes para el capitán. De esa manera se consigue un buen espíritu de equipo. Al fin y al cabo, las 22 personas que hay a bordo tienen que mantener bajo control este coloso de acero de tecnología tan avanzada. También los contenedores, hasta ahora, han resistido bien. Hasta ahora, porque se ha anunciado una gran tempestad para las próximas horas.

En el golfo de Vizcaya les pilla una de las primeras grandes tempestades del otoño. Ahora el capitán tiene que decidir si desviarse o buscar refugio en un puerto. Sus instrucciones dicen que hasta tempestades de fuerza 11 el barco debe mantener su curso. Así que el coloso se mete en medio de esa espesa borrasca.

Mientras el *World Star* navega con mar gruesa, los contenedores salen de su inmovilidad. Cuando el barco se desequilibra forman un coro de metal chirriante. Pero no todos cantan igual de fuerte. Al contenedor D 42-523-46-743 parece que no le cae bien su vecino, el M 53-987-12-853. Se aparta cada vez más de él. Los marineros, preocupados, miden la distancia. La tempestad aumenta el peligro de que los contenedores frigoríficos se desconecten de la red eléctrica y se descongele todo lo que hay dentro. Cada media hora se hace una ronda y se mira si los contenedores no se desplazan demasiado lejos. Al final han salido bien los cálculos: después de siete horas subiendo y bajando se calma el tiempo; el *World Star* sale de la tempestad sin daños ni pérdida de tiempo.

Entonces ¿ya no hay peligro? Sí, siempre lo hay con estas grandes tempestades. De promedio, cada semana se van a pique dos barcos mercantes en los océanos por las malas condiciones meteorológicas. En ocasiones, los barcos son arrollados por gigantescas olas de más de 20 metros.

El *World Star* pasa el canal de la Mancha y llega al mar del Norte. El capitán está fuera, olfateando. El olor anuncia que ya está en casa: en ningún lugar del océano hay tanto yodo en el aire.

De todos modos, al terminar esta parte del viaje van a tener que pasar otra vez por un sitio muy estrecho. Tienen que remontar el Elba, con su voluminosa bañera; esperemos que no haya atasco. ¡Un atasco de portacontenedores!

15 de octubre de 2005. Despacio, pero sin parar, el *World Star* ha remontado el Elba. Los barcos de tanto calado como el *World Star* solo pueden recorrer los 110 kilómetros que hay hasta el puerto de Hamburgo cuando la corriente hace que suban por el río las masas de agua del mar del Norte. Con marea baja hay sitios en el bajo Elba que no tienen más de 13 metros de profundidad.

Entonces, la noticia que tanto teme el capitán: su atracadero está ocupado aún. ¿Cuánto tiempo tendrán que esperar? ¿Dos, tres, cinco horas? Cada vez son más frecuentes estos embotellamientos. Tienen que pagar ellos el pato porque otros son demasiado lentos. Su compañía naviera y muchos colegas echan la culpa al puerto: «Trabajan demasiado despacio».

Pero el capitán Neubold es un viejo zorro. Sabe que la culpa la tiene el sistema, que es un completo disparate. Las navieras construyen barcos cada vez más grandes. El año pasado, cuando se botó su *World Star*, era con sus 8.400 contenedores uno de los portacontenedores más grandes que existían. En realidad, ya es demasiado grande para puertos como el de Hamburgo, que tienen canales estrechos. Pero ahora las navieras encargan buques todavía más grandes. Tienen que tener capacidad para 10.000 u 11.000 contenedores. Así se gana más dinero: la naviera puede rebajar los fletes y de ese modo ofrecer mejores precios que los competidores. A pesar de todo, estos ganan más con uno de esos barcos grandes.

–¿Quién pondrá fin a esto? –se pregunta el capitán contemplando el Elba, por donde acaba de pasar volando una bandada de grullas.

Capítulo 7

De artículo invendible a talismán: un lote especial se convierte en amuleto

18 de octubre de 2005. Puerto de carga de Hamburgo-Altenwerder. Con una sacudida, el gran puente-grúa levanta nuestro contenedor rojo, que se balancea pasando por encima de las hileras de contenedores estacionados.

Tras una parada intermedia de solamente 12 horas en el tercer puerto más grande de Europa, la carga procedente de Bangladés es trasladada a un camión, que tiene que salir de la zona portuaria para pasar la aduana. Allí, los datos del contenedor han llegado por internet incluso antes de que el *World Star* haya echado las amarras al muro del muelle. Los documentos de carga informan del contenido exacto del contenedor.

Pero para comprobar si los datos son correctos los aduaneros solo pueden tomar muestras al azar. De lo contrario, todo el comercio mundial se retrasaría. Ellos se fían de su experiencia. Y para no tener que abrir cada contenedor y meterse dentro, la aduana dispone de una nueva técnica. Los contenedores son examinados con aparatos de rayos X muy grandes y potentes. En la pantalla aparece una imagen coloreada: los contornos de cada uno de los objetos por separado. En los colores se ve cómo atraviesan los objetos los rayos X.

Los aduaneros saben con exactitud qué aspecto debe tener cada una de las mercancías: ¿es verdad que en el contenedor solo

TODOS CONTRA TODOS: EL FIN DEL ACUERDO MULTIFIBRAS

Los ricos países industrializados alcanzaron el Acuerdo Multifibras en 1974. Con objeto de proteger a las empresas textiles nacionales, se limitó a una determinada cantidad la importación de ropa de los países donde los salarios son bajos (Europa del Este, India, China). Están excluidos de estas limitaciones los países más pobres del mundo, como Bangladés.

Pero los países afectados opusieron resistencia y los industrializados, que a su vez exportan sus automóviles, embarcaciones y bienes de consumo caros a Asia, cedieron en 1995.

El Acuerdo Multifibras concluyó en 2004 e inmediatamente China inundó los mercados de Europa y Estados Unidos de camisetas, pantalones, zapatillas deportivas y artículos similares. Al mismo tiempo, la exportación de textiles de Bangladés cayó aproximadamente un 25%.

La Campaña Ropa Limpia cuenta de dónde provienen los textiles a «precios de ganga» en *www.ropalimpia.org*.

hay cajas de cartón con productos textiles? ¿O aparecen en medio cosas de otras formas y colores? Un color distinto muestra que se trata de otro material. De este modo, los aduaneros encuentran mercancías de contrabando, como droga o incluso personas que se han colado dentro de los contenedores.

Pero la aduana tiene que vigilar también que se cumplan las limitaciones a la importación. Cuando, en 2005, expiró el Acuerdo Multifibras, China principalmente inundó el mercado europeo de camisetas, calcetines y jerséis. Como consecuencia, la Unión Europea estableció un límite máximo a la importación de estos artículos de China. Las autoridades aduaneras tienen, pues, que vigilar que se cumpla.

A ello hay que añadir, desde hace unos años, los llamados artículos pirateados: al principio China solo producía artículos baratos, hoy son normalmente imitaciones de productos de marca.

Por ejemplo, las zapatillas Adidas se copian hasta en sus mínimos detalles. Esto no les gusta nada a las marcas auténticas. Sin embargo, en la propia China es poco lo que pueden hacer contra esta práctica mientras el gobierno de ese país haga la vista gorda. Pero la aduana en Europa y Estados Unidos está alerta, confisca y destruye esa «mercancía falsa».

Sin embargo en nuestro contenedor los aduaneros no descubren nada que les llame la atención y dejan pasar al camión, que transpone la puerta y toma directamente la vía de acceso a la autopista A7 y luego a la A1. «Qué bien», piensa el conductor, «no tengo que cruzar Hamburgo en la hora punta de la mañana...».

19 de octubre de 2005. En el centro de distribución de los grandes almacenes X, junto a la A2, cerca de Gütersloh. Desde las ocho de la mañana, dos auxiliares están descargando el contenedor que el camión dejó ayer por la tarde directamente en la rampa de carga del centro de distribución. Durante siete horas se afanan de acá para allá apilando los textiles en palés de madera y carretillas. De vez en cuando aparece alguien de la sección de compras con una larga lista. Cuentan un poco aquí y otro poco allá, puntean sus listas y desaparecen de nuevo. En los almacenes del centro de distribución ponen la etiqueta del precio a los artículos. Los chalecos de forro polar se marcan a 9,95 euros y se trasladan en carritos bajos.

Ahora dos empleadas, Erna y Brigitte, van a repartir los productos textiles procedentes de Bangladés entre las distintas sucursales. Mientras tanto, las dos mujeres charlan por enésima vez sobre el dichoso tema del dinero y de por qué nunca alcanza.

–¿Cómo va a alcanzar? –exclama Brigitte a su compañera–. Yo gano seis euros la hora, lo cual quiere decir que mi salario mensual no llega a los 1.000 euros brutos. De ahí tengo que descontar la retención, el seguro de enfermedad y el fondo de pensiones. Quedan unos 750 euros. De eso hay que descontar también el alquiler y los recibos de la luz y el gas. Me quedan 350 euros al mes.

–¡Qué me vas a contar! –asiente su compañera–. Yo llevo aquí 15 años y estoy cobrando 1.500 euros brutos. Con eso tengo que mantener a tres personas. Pero si te sirve de consuelo, ganamos más que mi amiga Fabienne. Imagínate, es peluquera titulada, y en la peluquería del Dieter ese solo gana 684 euros. Si no fuera por las propinas de los clientes...

Mientras tanto, todo está repartido, incluidos los chalecos de forro polar rojo.

–Oye, Erna, pero ¿es que habían encargado chalecos de caballero rojos?

–¡Chalecos de caballero rojos! ¿Quién va a querer semejante cosa?

Se ríen.

–Entonces, ¿tenemos que reclamar?

–Nada de eso, mira lo que vamos a hacer: uno a Darmstadt, uno a Dortmund y dos a la sucursal de Hannover 2. ¡Hala!

*

24 de octubre de 2005. Grandes almacenes X, en Hanóver-Sur. Los chalecos de forro polar marchan bien. El día anterior suministraron los nuevos artículos con el camión de la empresa. Una vendedora los ha colgado esta mañana como lote especial en una percha de prendas de oferta y ha colocado dicha percha en la entrada de la tienda. Menos de media hora después ya se había vendido el primer chaleco...

Los marrones de las tallas mediana y grande son los primeros que se acaban; luego siguen los beis. Al final se venden los últimos azules de la talla mediana.

A primera hora de la tarde entro en la tienda, porque necesito algo barato que abrigue para estar en mi cuarto de trabajo. Muchas veces me preguntan: «¿A qué se dedica usted?». Entonces contesto: «Soy periodista y escritor». Esto suena genial, pero, desde luego, los escritores que van por libre no son precisamente ricos en nuestro país. Así que no es de extrañar que me fije inmediatamente en esos chalecos tan baratos, pero ya no quedan de mi talla. Se me han adelantado otros cazadores de gangas.

La primera vez que veo el chaleco rojo de mi talla lo dejo a un lado de inmediato. Y tampoco le hago ni caso en mi siguiente visita a los grandes almacenes X.

14 de noviembre de 2005. Después de dos semanas de rebajas quedan ya pocos chalecos: los enormes de la XL y XXL en azul y beis; de la talla mediana solo el rojo vivo.

Esa mañana el director de la sucursal ha ido a dar una vuelta por su tienda. Los chalecos vuelan, no quedan más que unos cuantos de talla extragrande. Ahora sí que saltan a la vista los últimos chalecos.

Compuesta y sin novio, piensa el director de la sucursal. Y hablando de componer: ¿quién habrá mandado fabricar semejante cosa? Se dirige a una de sus vendedoras:

–Rebaje los últimos chalecos... digamos a 8 euros.

Ese mismo día veo la oferta y la tarde siguiente, con mucho sigilo y en secreto, me lo compro sin pensarlo más.

12 de enero de 2006. Después de desayunar me pongo mi chaleco como si tal cosa y me encierro en mi cuarto de trabajo.

Al libro que he dado por terminado a fin de año aún le falta mucho para estar concluido: tengo que incluir los cambios que quiere el editor. Mientras reelaboro el texto acaricio mi chaleco nuevo con la mano izquierda. Estoy muy contento con él; me da lo mismo la pinta que tenga, no hay espejo en el cuarto de trabajo. Solo mi novia, cuando salgo para ir al baño o para coger un libro de la estantería del salón, no puede evitar tomarme un poco el pelo. Bueno, todo es cuestión de acostumbrarse. Dentro de dos o tres semanas habrá pasado...

24 de junio de 2006. Este verano, el planeta entero está de visita en Alemania. Es el Mundial de Fútbol. Los aficionados de África y Sudamérica se quedan pasmados al ver lo limpio que está todo aquí y lo puntuales que son los trenes y los autobuses. Todos se divierten juntos como buenos amigos y los partidos se desarrollan en líneas generales con gran deportividad. Para mí, esta gigantesca celebración supone un auténtico desafío. Es porque estoy metido de lleno en un nuevo libro, y al mismo tiempo me gustaría seguir todo lo posible el campeonato.

Por cierto, el chaleco se queda colgado mientras tanto en el respaldo de mi silla de oficina. Para ver el mundial me pongo otro talismán: mi jersey amarillo y negro del club de fútbol Borussia Dortmund, que me regalaron cuando era un chaval.

Hoy juega Alemania contra Suecia. Por eso tengo junto al ordenador un pequeño televisor en blanco y negro. Lástima que el balón casi no se distinga. Y esto va a suponer para mí una calamidad hoy, en el partido contra Suecia. Estoy sentado delante del ordenador y del minitelevisor, tratando de verlos a la vez. Y entonces sucede: Alemania ataca, pero no veo si es Schweinsteiger o Klose el que tiene el balón; el delantero chuta, yo me creo que el balón ha entrado, doy un gran salto y sin querer le arreo un manotazo a una botella de vino tinto que se había quedado anoche en la estantería que tengo detrás. Los restos de vino caen en el chaleco, ¡y los alemanes ni siquiera han metido gol!

Así se produjo aquella gran mancha en mi chaleco. No consigo quitarla y por el momento lo cuelgo en el armario. En cualquier parte donde haya sitio.

28 de septiembre de 2006. En estas últimas semanas el trabajo no ha progresado tanto como yo pensaba. Una y otra vez dejo que me distraigan las diferentes posibilidades. ¿Por qué no avanzo como es debido? ¿Y desde cuándo pasa esto? A la segunda pregunta puedo dar una respuesta exacta: ¡justo desde el día en que guardé el chaleco! No soy supersticioso, pero esta mañana

he vuelto a sacar el chaleco del armario. De todos modos vale la pena intentarlo. Y enseguida empieza a fluir otra vez. A media tarde tengo más o menos medio capítulo en el ordenador.

Y encima se me viene a la cabeza un nuevo proyecto: un libro sobre la globalización, no para adultos sino para niños y adolescentes. Puede que lo del chaleco no sea más que una fantasía mía. Pero una fantasía muy eficaz.

15 de abril de 2007. ¡Atiza! En el ordenador hay una contestación de la editorial: quieren mi libro sobre la globalización.

Cojo una hoja de papel y escribo la pregunta: ¿qué significa «globalización» concretamente? En relación con la globalización, lo primero en lo que se piensa lo sabe ya todo el mundo: muchos puestos de trabajo van a parar allí donde resulten más baratos. En primer lugar, a Europa del Este, luego más lejos, a Extremo Oriente. Por otra parte, el comercio mundial no conduce a que haya una distribución justa de los beneficios, sino que provoca más tráfico y más contaminación para el medio ambiente.

Sin embargo, al lado de estos inconvenientes, la globalización también tiene ventajas: genera muchos empleos nuevos, y precisamente también en regiones hasta ahora subdesarrolladas. Al mismo tiempo nos beneficiamos también como consumidores: muchos productos son cada vez más baratos por la competencia mundial. Ideas, dinero, mercancías y personas se mueven por el planeta... Es difícil decir lo que es conveniente y lo que no.

16 de mayo de 2007. Cada día de trabajo empieza con un ritual. Preparo el desayuno y coloco al lado el texto que he terminado el día anterior. Luego me pongo el chaleco. La mayoría de las veces se me ocurre, mientras estoy comiendo, una buena manera de continuar.

Igualmente marchan bien los preparativos para el libro sobre la historia de la globalización. Aunque estos últimos años no he-

ALEMANIA: ¿UN GANADOR O UN PERDEDOR DE LA GLOBALIZACIÓN?

Alemania es al mismo tiempo un ganador y un perdedor de la globalización. ¿Cómo es posible?

Lo cierto es que en Alemania se han destruido muchos puestos de trabajo en los últimos 25 años. Sobre todo en la industria del carbón y el acero, pero también en lo que se denomina la producción. Forman parte de ella, por ejemplo, las fábricas en las que se producen electrodomésticos y en las que se hace ropa.

Por eso los empresarios actúan con mano dura: tomando como excusa la competencia internacional se amortizan puestos de trabajo y los salarios se congelan o se recortan.

Mientras tanto, el éxodo de puestos de trabajo se ha frenado considerablemente. Se vuelve a ver a Alemania como un sitio atractivo: aquí se trabaja sobre todo a conciencia.

En principio, los alemanes son ricos. Entre todos tienen una riqueza de 5,4 billones de euros, o, para comprender mejor esta cifra, 5,4 millones de millones de euros, lo que equivale a 81.000 euros por cada alemán... si estuviera repartida por igual.

En realidad, sin embargo, el 10% de la población es dueño del 60% de la riqueza; el 40% tiene el 40% que queda. Y el 50% restante de la población no posee nada en absoluto, o tiene deudas.

El que tiene dinero puede invertirlo bien y tomar parte en la globalización: por ejemplo, comprar participaciones en una empresa (acciones) o en proyectos concretos (un molino de energía eólica o un portacontenedor). El que no posee nada tiene que sobrevivir con un salario cada vez más bajo. La globalización está haciendo mayor la diferencia entre pobres y ricos en nuestra sociedad.

Sin embargo, algunos son ganadores y perdedores de la globalización en la misma persona. Como trabajadores, tienen que esforzarse cada vez más y a pesar de ello no cobran más dinero. Como inversores, por el contrario, son de los que ganan con la globalización.

mos llegado a ser campeones mundiales de fútbol, he descubierto que no solo en la fabricación de coches, sino en muchos sectores poco conocidos, la economía alemana es imbatible. ¿De dónde vienen, por ejemplo, todos los botones que se cosen a los tejidos producidos en China y Bangladés? En gran parte, de Bielefeld. Y es que el gremio botonero alemán es líder del mercado mundial en este sector. El profesor de economía Hermann Simon ha definido a estas empresas como «campeones ocultos». Están ocultos por dos motivos: en su mayoría no son trusts internacionales sino empresas de nivel medio con unos centenares de trabajadores. No aparecen casi nunca en los medios de comunicación.

Y con frecuencia su actividad se desarrolla en sectores que por lo general no nos interesan mucho: ¿quién fabrica la mayoría de las máquinas de tabaco del mundo? La Körber AG de Hamburgo. ¿Quién construye el 80% de los puentes-grúas, como el del puerto de carga de Hamburgo? La empresa Kirow de Leipzig. ¿Quién suministra la mayoría de los carritos de supermercado? Wanzl, de Leipheim. Y la mayoría de los molinos para obtener energía eólica –y los más grandes– proceden de Enercoon, de Aurich. El economista al que hemos citado lleva localizados hasta ahora 1.316 de estos campeones, y cada día encuentra uno nuevo.

23 de julio de 2007. Desde junio hace demasiado calor para llevar el chaleco, de modo que sigue colgado del respaldo de la silla en la que estoy ahora mismo sentado, investigando para mi libro sobre la globalización.

Normalmente, la globalización no tiene cara, pues es un proceso lento. Pero eso ha cambiado este verano: en Heiligendamm, a orillas del mar del Norte, se celebra la llamada cumbre del G8. Los jefes de Gobierno de los Estados más importantes del mundo se reúnen para coordinar sus intereses políticos y económicos. Sus países son sobre todo los que promueven la globalización.

Pero hablan con «lengua bífida». Así lo dice también la OMC, la Organización Mundial del Comercio. Fue erigida árbitro neutral de la globalización por las Naciones Unidas. Y este árbitro neutral tiene que hacer constar ahora que los países industrializados ricos practican un doble juego. Mientras con todo su poder intentan derribar las restricciones comerciales de los países pobres, levantan barreras exactamente iguales para proteger a sus propios países.

Estados Unidos, por ejemplo, sigue subvencionando cuantiosamente a muchos de sus productores nacionales, como sucede con sus cultivadores de algodón. Así pueden ofrecer al mercado mundial su algodón mucho más barato que los cultivadores de países africanos o asiáticos. Al mismo tiempo, establece aranceles sobre las tres cuartas partes de las importaciones de África y Asia para encarecer los productos de esos países en comparación con los suyos. Pero también la Unión Europea protege financieramente a muchos de sus productores, tales como los agricultores y los pescadores, e igualmente a la industria nacional.

2 de septiembre de 2007. Mi capricho de tener siempre el chaleco a mano tiene consecuencias imprevisibles: después de un año y medio tiene ya un aspecto muy raído. Y además de la de vino tinto, tiene otras feas manchas. A mí no me molestan, pero a mi novia sí. Cuando llega del trabajo, cansada, es cada vez más frecuente que, en vez de saludarme, me diga:

–¡Te he dicho mil veces que no quiero volver a verte con esa porquería de chaleco!

–¿Por qué?

–¡Esas manchas ya no se van ni frotando!

–Las manchas no molestan a nadie.

–Compraremos otro. No cuestan una fortuna en estos tiempos...

Es verdad; cada vez nos desprendemos más rápidamente de las cosas: por ejemplo, de los electrodomésticos que ya no funcionan. ¿Repararlos? Cuesta por lo menos lo mismo que un aparato nuevo. Los teléfonos móviles y los ordenadores, a los dos años, ya están desactualizados. ¿Y la ropa que tiene una mancha o se ha quedado un poco estrecha? ¿Quién sabe coser hoy en día? Además, una cosa manchada tiene un aspecto terrible. Y como muchas prendas de vestir, gracias a la globalización, son cada vez más baratas, uno va y se compra otra nueva.

Pero yo no me desprendo de mi amuleto.

*

9 de noviembre de 2007. Por la tarde, al regresar de una excursión, me siento delante del ordenador, echo mano a mi chaleco... y agarro el vacío. No está. Bueno, me lo habré dejado en la cocina. ¡No! O en el salón. Pues no. ¡Tampoco está encima de la cama! El pánico se apodera poco a poco de mí.

–Tesoro, ¿has visto mi chaleco?

–Ah, el chaleco, las manchas ya no se iban. Lo he echado al contenedor de ropa usada. Tenía que pasar por allí...

–¿¡El chaleco!?

–¡Sí, pero si estábamos de acuerdo en comprar otro!

¿Que estábamos de acuerdo? Pero si fue ella sola la que lo dijo...

–De todas formas quería cortarle un trocito como talismán.

–Sí, pero con un agujero ya no lo iba a poder usar nadie.

No tengo tiempo para discutir con ella.

–¿Fuiste al contenedor de la plaza de Moltke?

–¿Por qué lo preguntas? ¡No pretenderás...!

Pero yo ya me he ido.

Voy a toda prisa, en bicicleta, al contenedor de ropa usada. Es un gran recipiente gris con el logo de una organización humanitaria. Quizá pueda sacar nuestra bolsa de plástico. En ese momento aparca allí delante un camión y tres hombres empiezan a sacar las bolsas con la ropa. Pero esos hombres no pertenecen a la organización humanitaria.

Y ahora me acuerdo de un artículo que leí hace poco. Las organizaciones humanitarias ya no se ocupan de los contenedores; contratan a empresas que se han especializado en el negocio de la ropa usada. Pregunto a los hombres que para qué empresa trabajan. Uno me suelta un gruñido:

–¡A usted qué le importa!

–¡Pues muchas gracias! –contesto, y me vuelvo a mi bicicleta, pero me quedo mirando. Yo no dejo que me quiten de encima tan fácilmente.

Muchas personas se creen que entregan su ropa usada a los servicios de recogida y así sirve para un buen fin. Pero ¿es así en realidad? La organización humanitaria cuyo nombre figura en el contenedor no ha hecho más que prestarlo a cambio de un pe-

queño alquiler; no tiene nada más que ver con la ropa. Entonces, ¿quién está detrás del negocio de nuestra ropa usada? Esto me interesa; reflexiono si embarcarme en una persecución.

Pero con la bicicleta no tendría ninguna oportunidad, de modo que vuelvo a casa y me pongo a buscar la empresa de reciclaje de ropa. La encuentro en las páginas amarillas; ha sido muy fácil. Así que podría invertir un poco de tiempo en ir a visitar esa empresa.

El viaje me lleva a la zona industrial, en la periferia de la ciudad. Detrás de la cancela de entrada hay un gran patio en el que se ven camiones y contenedores. Me apeo de la bicicleta, me dirijo a un trabajador y le pregunto por el jefe.

Viene Heiner Schulz y me pregunta qué o a quién busco. Le cuento mi historia.

–¡Lo siento, pero está prohibido entrar! Si dejo entrar a alguien una vez al patio, ¿qué cree usted que pasará aquí dentro de tres semanas?

Así que recurro a mi último truco. Saco mi carné de prensa y le cuento que pretendo escribir un artículo sobre el reciclaje de ropa. Resulta que Heiner Schulz es un tipo simpático. Habla con franqueza de su empresa y de todo el sector.

Cruzamos el patio y entramos a una gran nave industrial. Está llena de prendas de vestir, sábanas y piezas de tela. De la organización humanitaria ya no hay ni rastro.

–¡Al principio pensé que buscaba usted empleo! Es que en estos momentos andamos escasos de gente. Dos contenedores para África y uno para Bielorrusia ya van con retraso.

–Lo siento –respondo–. Pero si al periódico no le gusta el artículo a lo mejor volvemos a hablar de su oferta.

El negocio de los productos textiles reciclados funciona de una manera totalmente profesional. La ropa usada se descarga, se desembala y luego se clasifica en la gran nave. Más de cuarenta empleados trabajan en ella. Tienen delante una enorme montaña de ropa sin clasificar. Desde por la mañana hasta media tarde se dedican a coger una prenda detrás de otra, examinarla y echarla en uno de los hasta diez carritos que tienen alrededor.

Hay tres niveles de calidad: las cosas que están bien conservadas se limpian y se venden a tiendas de segunda mano de la ciudad. Las cosas que aún se pueden usar se limpian también y se revenden a mayoristas de todo el mundo. Con los trapos se obtiene materia prima para fabricar papel.

Por otra parte, la ropa se distribuye según zonas concretas: para África se recogen sobre todo camisas, camisetas, pantalones, ropa de niño y para la casa. Para Europa del Este, naturalmente, prendas de abrigo, es decir, jerséis, abrigos y pantalones gruesos.

–Caramba, esto es un buen negocio para ustedes, ¿no? –pregunto al director de la empresa, para sacarlo de su reserva.

–¡Eso piensa la mayoría de la gente! Exceptuando la tasa que se paga a la organización humanitaria, conseguimos la ropa casi de balde, de modo que sí que tendría que ser un buen negocio. ¡Y lo fue en tiempos, hace muchos años! Pero hoy, por lo menos la mitad de la ropa clasificada tiene que servir para la exportación, de otro modo el negocio no es rentable.

–Pero ¿por qué no?

–Hay mucha competencia, y los costes de personal son elevados. Hay que vaciar con regularidad los contenedores de la calle, y sobre todo la clasificación requiere mucho personal, porque eso no lo puede hacer una máquina...

Estoy tan enfrascado en la conversación que no me fijo en los clasificadores. Y por eso no me doy cuenta de que la empleada que está más a la izquierda saca del montón mi chaleco rojo. Mientras inspecciona la prenda más de cerca, la distrae nuestra conversación.

–... y para muchos recicladores textiles de Europa resulta demasiado caro.

–Y entonces, ¿qué hacen?

–Pues meten toda la ropa en contenedores, sin clasificar, y la envían a Dubái. Allí trabajan inmigrantes de India, Pakistán, Indonesia y África por no más de 300 dólares al mes.

–Y así ahorran, ¿no?

–Allí no tienen que pagar ni la quinta parte de un salario habitual en Europa.

Como la clasificadora está escuchando atentamente lo que hablamos, le pasa inadvertida la mancha de mi chaleco, que, como es de color, va a parar a un carrito destinado a África.

Dos horas después estoy de camino a casa. Y mi chaleco va directamente, con otras 50 prendas, a una gran prensa. En ella, la ropa se comprime hasta formar un fardo y este se envuelve en plástico y se asegura con cinta adhesiva fuerte. El fardo, pequeño pero pesado, se lleva en una carretilla para sacos hasta uno de los contenedores que se encuentran en el patio. Los empleados han estado dos días distribuyendo y comprimiendo en fardos las prendas, hasta que uno de los contenedores destinados a África está por fin lleno.

A primera hora de la mañana del 10 de noviembre, un camión entra marcha atrás en el patio de la empresa. La carretilla elevadora levanta el contenedor y lo coloca en el camión. Y adiós. Si el chaleco de forro polar tuviera asiento de ventanilla en su viaje, ahora exclamaría: «¡Oye, este camino ya me lo conozco!».

Va por la autopista en dirección norte, hacia el puerto de carga de Hamburgo.

Capítulo 8

Saqueo de la pesca y tráfico de seres humanos: el chaleco rumbo a África occidental

13 de noviembre de 2007. Puerto de carga de Hamburgo. De un tirón, Wilfried Hermann, el conductor de la grúa de la terminal, levanta el contenedor de ropa usada. Ha pasado cuatro días en este lugar, más que la mayoría de los contenedores. Entre tanto han amarrado en el muelle varios grandes cargueros, pero todos han ido zarpando a Asia o a América. Con rumbo a África occidental solo zarpan dos barcos a la semana.

El contenedor desaparece ahora en la bodega del *Hannover*, un barco que lleva tanto pasajeros como contenedores y hace de forma regular la ruta de África occidental (Canarias, Dakar, Lagos, Ciudad del Cabo). Antes, Wilfried Hermann ha descargado algunos contenedores del barco. Y al hacerlo le ha vuelto a chocar lo distinto que es este cargamento del destinado a Asia: en dirección a Asia se embarcan más contenedores vacíos que llenos. En dirección a África es justo al revés: se embarcan muchos contenedores llenos y en su mayoría vuelven vacíos, señal de que África, con la excepción de algunos yacimientos de crudo y materias primas, no tiene un gran papel en el mundo globalizado de nuestros días.

A última hora de la tarde, el *Hannover* ya está lejos. Ahora, primero vuelve a descender por el Elba hasta Cuxhaven, después atraviesa el mar del Norte y el canal de la Mancha, y luego navega en paralelo a la costa atlántica de Europa occidental en dirección sur.

14 de noviembre de 2007. Cuando el barco pasa el canal de la Mancha, el maquinista Karl Hartmann sube a cubierta con un catalejo y examina el mar. Karl es un «cazador de patos»; se trata de un pasatiempo de algunos marineros que consiste en buscar patitos de goma descoloridos.

Todo empezó así: en enero de 1992, en el transcurso de una tempestad, un carguero perdió unos contenedores en medio del Pacífico. Uno se abrió y 29.000 patos, tortugas y ranas de goma salieron despedidos a la superficie del océano. La mayor parte de ellos fueron a la deriva hacia el sur y quedaron varados en las costas indonesias y sudamericanas. Pero unos 10.000 patos y ranas avanzaron hacia el norte, cruzaron el mar de Bering y entraron en aguas árticas. Posteriormente, alrededor de 1995, quedaron aprisionados en el hielo, para ser liberados seis años después cerca de Groenlandia y empujados en medio del Atlántico. Entonces, la corriente del Golfo los recogió y los arrastró hasta Gran Bretaña y la península Ibérica. Estos animales de goma insumergibles, que entre tanto han perdido el color por la acción del sol y el agua salada, se reconocen en cuanto se recogen porque llevan impresas las palabras First Years. El que encuentra uno informa del hallazgo a Curtis Ebbesmeyer, investigador americano de ciencias del mar. Para él, los patos son boyas de investigación que le salen gratis y cuyos recorridos revelan muchas cosas acerca de las corrientes marinas. Curtis Ebbesmeyer ha creado en internet un sitio especial para hallazgos en playas: www.beachcombersalert.org/rubberduckies.html. Esta página informa no solo sobre patitos de goma sino también sobre otros objetos arrastrados por el mar, como zapatillas deportivas, globos de cristal, maderas de formas curiosas y huevos del misterioso pájaro elefante.

16 de noviembre de 2007. El *Hannover* ha salido hace diez horas del puerto de Bilbao. Han subido a bordo varios pasajeros y contenedores con destino a las islas Canarias. El barco ha ido hacia el sur siguiendo la costa de la península Ibérica y se encuentra ahora a la altura del estrecho de Gibraltar.

Este estrecho, de unos 60 kilómetros de longitud, comunica el Mediterráneo con el océano Atlántico. Cuando está despejado, se puede ver desde el barco lo cerca que está el continente africano de las rocas de Gibraltar, en Europa; en ese punto solo 14 kilómetros separan Europa y África. En ningún lugar de nuestro planeta se hallan tan próximos un mundo muy rico y un mundo muy pobre. Con buen tiempo, también desde la costa de Marruecos se puede ver Europa: para muchos africanos es el paraíso anhelado.

Hoy, sin embargo, todo desaparece en la neblina. Y por eso los pasajeros no se dan cuenta de que el barco toma rumbo al sudoeste para dirigirse a Las Palmas de Gran Canaria, la capital de las islas Canarias. Geográficamente, las Canarias forman parte de África, no de Europa. Pero en el curso de los últimos 500 años se han establecido en las islas tantos españoles que hoy se consideran un puesto avanzado de Europa. Un atrayente puesto avanzado: antes, todos los barcos hacían escala aquí antes de cruzar el Atlántico de camino a América. Hoy, las islas ofrecen a los turistas un «pedazo de Europa» con clima africano. El sol brilla todo el año.

18 de noviembre de 2007. El *Hannover* abandona Las Palmas y pone rumbo al sur. Se dirige a Dakar, la capital de Senegal.

En este viaje, Karl no ha descubierto ningún patito de goma. En lugar de esto, a medianoche el oficial de guardia ve en el horizonte otra clase de «juguete», un juguete peligroso. Los marineros llaman «cáscaras de nuez» a los cayucos de madera con los que los emigrantes de África pretenden cruzar el mar abierto y llegar a las islas Canarias. El oficial informa de la novedad al capitán.

Para los capitanes de los buques que se cruzan con las rutas de los emigrantes, estos encuentros son algo muy complicado. El capitán no solamente está obligado a ayudar a las personas que hayan sido víctimas de un naufragio. También quiere ayudar a salvar vidas humanas. Pero lo más probable es que se encuentre con problemas por todas partes: ¿necesitan ayuda los emigrantes o prefieren que se les deje en paz? Si los recibe a bordo en aguas internacionales, surge la cuestión de dónde dejarlos. Ningún país está obligado en este caso a aceptarlos. No son pocos los capitanes que saben por experiencia lo que significa vagar por los mares llevando a bordo emigrantes que no son bienvenidos en ninguna parte. Después, los emigrantes se enfadan mucho si tienen que abandonar el barco en un país que no es aquel al que querían ir. Y, naturalmente, la compañía naviera del capitán está de todo menos contenta con esta interrupción, que le cuesta muchos cientos de miles de euros.

Cuando el capitán sube al puente ya no se ve el cayuco con el catalejo. Los emigrantes no contestan a la llamada por radio. Pero en el radar se ve que continúan avanzando y con rumbo a las Canarias. No hay señal alguna de naufragio. El capitán deja escapar un suspiro de alivio y ordena:

—¡Mantenga el rumbo!

20 de noviembre de 2007. El *Hannover* ha arribado a la costa de Senegal. Sobresale como una nariz una estrecha franja de tierra, adentrándose en el mar. En su extremo se extiende Dakar, la capital, con sus arrabales, el aeropuerto internacional y un pueblo de pescadores con hoteles de playa.

En la ensenada, justo en la ruta al puerto de Dakar, está la isla de Gorée, de solo 1.000 metros de longitud. Fue tristemente célebre como «isla de los esclavos» y ha sido declarada Patrimonio Cultural de la Humanidad por la UNESCO, la Organización de las Naciones Unidas para la Educación, la Ciencia y la Cultura. Antiguamente, los esclavos eran embarcados aquí para enviarlos

SENEGAL: PAÍS POBRE, PAÍS RICO

Como muchos países de África occidental, Senegal se considera un país muy pobre. Esto se debe sobre todo al acelerado crecimiento de la población. El número de habitantes se ha duplicado en los últimos 20 años, de modo que la mayoría de los aproximadamente 12 millones de senegaleses tiene menos de 20 años. La tercera parte de ellos no sabe leer ni escribir; son analfabetos. La mala alimentación y la deficiente atención médica son el motivo de que, en promedio, los hombres vivan solo hasta los 55 años y las mujeres hasta los 57.

Senegal se encuentra en el denominado Sahel, la zona de transición entre el Sáhara y las selvas lluviosas de África central. La mayor parte del país se compone de secas sabanas; solo el 16% de la superficie es fértil, y estas tierras, además, se aprovechan mal. Aunque más de las dos terceras partes de los ocupados trabajan en la agricultura, Senegal no es capaz de producir por sí mismo ni siquiera la mitad de los alimentos que necesita.

¿Por qué? Senegal fue colonia francesa durante casi 300 años y alcanzó la independencia en 1960. Como la mayoría de los países africanos, también Senegal se vio obligado en la época colonial a cultivar únicamente unos cuantos productos. En Senegal fueron, sobre todo, cacahuetes y algodón, que todavía se producen a gran escala. Pero en el mercado mundial los precios han caído drásticamente durante las últimas décadas, porque Estados Unidos da un cuantioso apoyo financiero a sus propios cultivadores de algodón y cacahuetes. (Estados Unidos hace lo mismo con sus cultivadores en otros sectores.) Por eso la agricultura solo genera en Senegal el 20% de la riqueza nacional.

Como en el campo reinan la pobreza y la falta de perspectivas, la gente se marcha a las ciudades. En ellas viven ya más de la mitad de los senegaleses. Como también allí hay falta de trabajo, la mayoría se limita a comerciar con cualquier cosa: alimentos, billetes de lotería, objetos usados, recuerdos para los turistas o incluso textiles.

Pero también hay rayos de esperanza: Senegal posee la red de carreteras mejor construida de toda África occidental. El puerto de Dakar es el segundo más grande y uno de los más modernos de África occidental, y en sus alrededores se está desarrollando una floreciente industria para el tratamiento del azúcar, el combustible vegetal, el pescado y los textiles.

a ultramar. En Gorée, cada metro cuadrado de terreno está edificado; sin embargo, el punto central de la isla, reconocible desde muy lejos, sigue siendo la «Casa de los esclavos», un edificio circular pintado de rosa. Hacia el mar hay una pequeña abertura en el muro que se denominaba «la Puerta sin retorno», pues los africanos que eran conducidos allí nunca volvían a ver su patria. Después de pasar varias semanas encerrados en pequeñas celdas, los comprimían en las bodegas de grandes barcos de vela, como ganado. Sin escrúpulos, se daba por sentado que muchos morirían por el camino de enfermedades, hambre y sed. Pero las plantaciones de caña de azúcar y tabaco de Sudamérica y las islas del Caribe necesitaban trabajadores que además pudieran resistir las altas temperaturas. Por eso, entre el siglo XVI y el XIX fueron secuestrados y desplazados entre 10 y 15 millones de africanos. La primera y más atroz ola de globalización de la Edad Moderna.

*

21 de noviembre de 2007. Puerto de Dakar. Una grúa descarga cuarenta o cincuenta contenedores en el muelle. Aquí funcionan las cosas de una manera algo más caótica que en el puerto de carga de Hamburgo o en Singapur. Una autogrúa agarra el contenedor y lo deposita donde haya sitio, sin mayor planificación.

Se dice muchas veces que con la globalización se expolia a los países pobres, sobre todo a África. Y por eso la mayoría de la gente piensa que a los africanos les roban muchas cosas. Igual que en el siglo XIX y principios del XX, cuando África era el gran proveedor de materias primas, especias y toda clase de productos exóticos y las grandes naciones industriales se disputaban las colonias. Según eso, también hoy en día se tendrían que cargar allí muchos contenedores y transportarlos a los países ricos. Pero lo que sucede es lo contrario: se cargan en el barco docenas de contenedores vacíos y solo se recogen unos pocos llenos. A veces incluso hay que cargar contenedores vacíos para que no haya un atasco de contenedores. ¿Es eso expolio?

Sí, el expolio tiene que ver precisamente con las mercancías que se descargan. No es solamente ropa usada de toda Europa. En el muelle hay también centenares de coches hechos chatarra. ¿Es casualidad? No, de Europa a África se transportan cargamentos enteros de chatarra de coches. Pero también se descargan contenedores enteros de alimentos. Por ejemplo, cebollas de Holanda o carne de vaca de Alemania.

Todas estas mercancías proceden de países ricos y han hecho un largo viaje. A pesar de ello, ahora se ofrecerán en los mercados de Senegal a precios muy por debajo de los productos propios. Naturalmente, los senegaleses compran estos artículos porque son más baratos. Pero los campesinos del país apenas ganan nada. Todos estos alimentos están muy subvencionados por los contribuyentes de la Unión Europea. Esto quiere decir que con el dinero de los impuestos de la Unión Europea los campesinos reciben una pequeña subvención por cada cebolla y por cada litro de leche. Y este es el motivo por el que se pueden vender luego tan baratos esos productos en África.

En la entrada del puerto espera ya el consignatario del contenedor de ropa usada: Mustafá ha recibido por fax los documentos del flete desde Hamburgo y ha ido inmediatamente a buscar la licencia de importación. Tiene todos los papeles en la mano. Sin embargo, la autoridad portuaria le dice:

–Lo siento, pero tu contenedor no ha llegado.

Mustafá se va desilusionado al camión que se ha procurado para el transporte. Le dice al conductor que espere. Luego vuelve a su oficina y llama a Hamburgo. Allí le dicen que el contenedor tiene que haber llegado. Es uno blanco...

22 de noviembre de 2007. Ya por la mañana se pone Mustafá a buscar y examina las etiquetas de todos los contenedores blancos. Y al cabo de una media hora de achicharrarse a pleno sol encuentra su contendor. Vuelve a las oficinas. Pero allí le dicen sin más que la etiqueta de su contenedor no figura en la lista de carga del barco.

Tras suplicar largo rato, uno de los empleados acude al sitio con Mustafá para inspeccionar el contenedor:

–¡Maldita sea! ¡Parece cosa de magia! ¡Pues es verdad que está aquí!

El empleado piensa en cómo debe reaccionar ahora. La comprensible alegría se torna perplejidad. En realidad, el contenedor no tendría que estar allí, puesto que no figura en la lista de carga. Antes que nada tiene que consultar con sus compañeros. A la media hora dice:

–Hay un problema muy gordo. Tenemos que preguntar en el Ministerio de Comercio.

Mustafá está harto y se da por vencido. Se va con uno de los aduaneros a un rincón tranquilo. Allí discuten acaloradamente; una y otra vez levantan los brazos y resoplan. Ya nos conocemos todo esto de Bangladés...

Por fin vuelven y ahora, de repente, todo está arreglado. El problema de la lista de carga ya no es tan decisivo. Mañana figurará en ella el contenedor. Dos horas después, una autogrúa lo carga en el camión, que estaba preparado desde ayer.

Ahora podrían marcharse, pero el camión no arranca. Mustafá mira al conductor, que se encoge de hombros.

–¡Ayer funcionaba!

Un desconocido se asoma a la cabina.

–¿Le traigo gasolina? ¡Tengo una bicicleta y soy rápido como el viento!

El chófer se lo quita de encima. Coge un martillo, baja y abre el capó. Al instante, varios hombres rodean el camión. A no ser que te hayas perdido en el Sáhara, en África nunca estás solo. Todos dan consejos, gastan bromas y esperan el momento de poder echar una mano. Para ganarse unos francos CFA (CFA es la abreviatura de la moneda de Senegal: el franco de la Communauté Financière d'Afrique), aunque recibirían euros todavía más a gusto. El chófer da golpecitos aquí y allá en el motor, tira del anillo del pistón y echa pestes en voz cada vez más alta.

—¿Le traigo gasolina?

—¡Largo!

Al cabo de media hora se comprueba que el depósito de gasolina, efectivamente, está vacío. Como hacía tanto calor, el chófer ha tenido funcionando el aire acondicionado. Tres hombres se pelean por la lata vacía. Uno vence y hace que lo lleve a la gasolinera más cercana un amigo suyo: el de la bicicleta. Al cuarto de hora vuelve y echan la gasolina en el depósito.

Ahora se marchan por fin; de todos modos atraviesan la ciudad sin mucha prisa, no solo porque hay muchos coches, autobuses y camiones, sino también porque bicicletas, motocicletas y una multitud de peatones obstruyen las calles. Así que tenemos tiempo para echar un vistazo a nuestro alrededor.

Dakar tiene aproximadamente dos millones de habitantes, igual que Hamburgo. Pero la ciudad tiene un aspecto enormemente heterogéneo: se alzan edificios altos junto a cabañas de adobe, hoteles elegantes, bares y tiendas junto a chabolas de contrachapado y chapa ondulada. Sin embargo, entre los edificios hormiguean miles de abigarrados toques de color: aunque en Senegal la gente sea pobre, hay aquí mucho bullicio, colorido y jolgorio. A los senegaleses les encanta la música. En la calle resuena por todas partes: sones caribeños por aquí, salsa por allá, pero sobre todo una mezcla africana de funk y pop: la música mbalax, popularizada por los senegaleses Youssou N'Dour y Omar Pene.

Como a todos los africanos, a los senegaleses les gustan los colores fuertes. Las mujeres sobre todo llevan vestidos abigarrados o las túnicas tradicionales con estampados de colores, llamadas bubús. Con otros dibujos igualmente vivos decoran los hombres sus coches, barcas de pesca, rótulos de las tiendas o cualquier cosa que sea importante para ellos. Y tocan mucho la bocina: cada cual cree que todos tienen que dejarle pasar porque tiene mucha más prisa que los demás.

El almacén de Mustafá está en una calle lateral de la Avenue G. Pompidou. Hay solo un kilómetro y medio desde el puerto. Pero Mustafá tarda media hora en recorrer este trayecto.

El camión se detiene ante la gran cancela de acceso. Todavía no ha abierto el conductor la puerta del contenedor cuando ya se ha congregado allí un grupo de hombres para descargar el camión. No son empleados de Mustafá.

En África, especialmente en las grandes ciudades, hay siempre «por casualidad» unos cuantos hombres que esperan para echar una mano, dar una información o llevar a un desconocido hasta un buen amigo suyo que tiene una información para él o cualquier cosa que el desconocido necesite en ese momento.

Mustafá negocia con los hombres cuánto dinero les va a pagar por la descarga. Acuerdan 2.500 francos CFA, unos 40 euros. Ya después de haber transportado sobre sus hombros el segundo fardo a la nave, los hombres sudan tanto que les brilla la cara.

Los observa mientras tanto un empleado de Mustafá especialmente riguroso, que anota en un papel el número de fardos que se descargan. Luego, ese papel ya no le interesará a nadie. Pero él, con esta cuenta exacta, demuestra que está vigilando cada fardo. Es que en África se pierden muchas cosas durante el transporte. Si queremos ser malos, también podemos decir que son robadas. Pero a los africanos no les gusta utilizar la palabra «robar».

Puede que ahora los nuevos fardos ya no vuelvan a estar tranquilos ni un momento. La noticia de la llegada de nuevas mercancías ha corrido como la pólvora y enseguida llegan los curiosos. Los fardos antiguos ni se dignan mirarlos, antes bien, todos dan su opinión solamente sobre los nuevos.

ALGODÓN, BUBÚS Y POR QUÉ ÁFRICA
ESTÁ PERDIENDO SU COLORIDO

África: para nosotros, además del Serengeti con sus elefantes, leones y manadas de ñúes, es sobre todo una bulliciosa mezcla de personas con ropas multicolores.

Sin embargo, dos de cada tres prendas de vestir proceden ya del reciclaje de ropa usada. Cada año se llevan miles de toneladas de ropa usada de Europa a África occidental. Por el contrario, África oriental es abastecida sobre todo por los países de América del Norte.

Pero esas importaciones aumentan el sufrimiento de la gente de allí. La ropa se ofrece barata en los mercados, expulsando de ese modo los artículos nacionales. Originariamente, la producción nacional de ropa daba empleo a muchas personas, desde plantar el algodón hasta coser las prendas, pasando por hilar y tejer.

En Ghana las cosas son diferentes: la gente solo compra indumentaria del país. Y en Mali el bubú es, hoy como ayer, un símbolo de estatus. Es una túnica larga de fiesta con suntuosos bordados de adorno, y se fabrica en el país.

Porque el problema de los fardos es que los hay buenos y malos. En algunos fardos hay diez o veinte pantalones vaqueros buenos, *stonewashed* [lavados a la piedra] y con los bajos deshilachados. También los africanos están al tanto de la moda, quizás incluso tanto como los europeos. Y los jóvenes senegaleses se enteran rápidamente de lo que está de moda ahora en los países ricos a través de la propaganda en los periódicos, el cine o internet. Los vaqueros azul claro que se pueden encontrar en los baratillos no los quiere nadie: ¡mejor nada que eso!

Y hay fardos malos, en los cuales solo hay, por ejemplo, ropa de casa, pantalones de tela y camisas sin colores fuertes. Naturalmente, todos comprarían solo los fardos buenos, si se pudiera diferenciar claramente uno bueno de otro malo. Pero los fardos no se pueden abrir, pues de lo contrario todos echarían mano únicamente de las cosas buenas. Y desde fuera no se ve demasiado.

*

Entre la gente que ha acudido a toda prisa se ha mezclado Aisha. Tiene 38 años y cinco hijos, y regenta un puesto en el mercado en San Luis, en el norte. Hoy se ha levantado muy temprano, a las cuatro de la madrugada, y ha venido a Dakar con intención de comprar artículos para reabastecer su tenderete.

Aisha se decide por el fardo a través de cuyo envoltorio se distinguen prendas de vestir azules y rojas. Puede que sean pantalones vaqueros y vestidos de colores, que se venden bien; así lo espera ella. Por su fardo tiene que pagar 8.000 francos CFA, unos 120 euros.

Acompaña a Aisha un chico, Mohammed, de 15 años. No se mueve de su lado en todo el día y le hace todas las tareas pesadas. Acarrea el fardo hasta la estación de autobuses, la Gare Routière, cerca de la gran mezquita. Allí están los *taxi-brousse*, los taxis de campo. Hacen una ruta determinada, pero no a horas fijas. Los minibuses solo tienen 12 asientos. Pero los conductores han añadido asientos supletorios de madera, bancos plegables o simples barras metálicas, de modo que, empujando y apretándolos un poco, caben unos 30 pasajeros. El minibús nunca sale antes de que esté lleno.

Hoy hay que esperar dos horas hasta que haya bastantes viajeros comprimidos dentro del vehículo. Ninguno puede darse la vuelta, ni siquiera levantar el brazo. Aisha y Mohammed están sentados en silencio y sudando. ¿Por qué no sale ya el autobús? En la ventana del conductor aparece un hombre y le tiende un paquete acompañado de muchas palabras y gestos. ¡Por todos los espíritus buenos y malos, esperemos que sea esa la señal! Efectivamente, el chófer arranca y sale zumbando en dirección

MARKET • MARCHÉ

norte por la abarrotada calle, sin mirar ni a la derecha ni a la izquierda.

Todos están encantados con la corriente de aire que ahora recorre el autobús. Pero solo pueden relajarse unos instantes; en cuanto el tráfico lo permite, el conductor pisa el acelerador a fondo. Parece como si quisiera recuperar en unos pocos minutos las horas que ha estado esperando en la estación de autobuses. Los pasajeros experimentan violentas sacudidas. Y los que pueden ver algo por las ventanillas empiezan enseguida a temer por su vida.

–Alá es todopoderoso y Mahoma es su profeta –Mohammed susurra la fórmula protectora.

Aisha, por el contrario, confía en la manera de conducir del chófer. Está sentada de modo que puede volverse constantemente a mirar hacia atrás, ya que para ella lo peor que podría pasar sería que el autobús perdiera su fardo, colocado en el techo.

23 de noviembre de 2007. La ciudad portuaria de San Luis es una especie de Venecia en África occidental y fue fundada por los franceses cuando el país era una colonia suya. El centro antiguo de la ciudad está en una isla muy alargada entre el río Senegal y el mar. Lleva hasta ella un puente de unos quinientos metros de largo. El ingeniero francés Gustave Eiffel hizo construir sus arcos de medio punto con el mismo acero de su famosa torre de París. El casco antiguo de la ciudad se compone de casas coloniales de piedra muy apiñadas, en progresivo deterioro. Allí vive Aisha con su familia.

Tras unas diez horas de viaje y un cambio de autobús, Aisha, Mohammed y el fardo llegaron a casa por la noche. Hoy abrirá Aisha su fardo y expondrá las nuevas mercancías en su puesto del mercado, cerca de la playa.

Para ella empieza ahora un sencillo cálculo. El fardo le ha costado 120 euros. Su familia necesita para dos semanas otro tanto, unos 120 euros, que suman 240 euros. De 120 tienen que salir por lo menos 240. Muchas veces se consigue, pero no siempre.

En ocasiones, los pequeños comerciantes como Aisha tienen muy mala suerte. Hace unas semanas tuvo un fardo que no le produjo más que cien euros, ni siquiera lo que le había costado a ella.

Pero en África no hay devoluciones ni derecho de reclamación para esos casos. Aquí las personas están acostumbradas a las malas pasadas del destino. No se quejan, sino que se ponen a pensar en cómo pueden salir adelante a pesar de todo.

*

3 de diciembre de 2007. En la playa de San Luis hay varias barcas pesqueras de madera. La mayoría están pintadas de colores llamativos y lucen nombres llenos de fantasía, como *AIDA-St. Louis* o *Muslim-Express*. Acuden turistas a fotografiarlas. Es muy bonito sobre todo cuando regresan los pescadores y toda la playa se llena de gente. Todos quieren recibir su parte de las capturas.

Pero esta bella imagen engaña: antes, los pescadores salían solamente uno o dos días al mar y luego volvían. Sus embarcaciones parecían a punto de hundirse de lo llenas de pescado que iban. Pero hoy tienen que permanecer fuera una semana entera, y aun con todo el producto es escaso. La culpa la tienen las grandes barcas pesqueras de arrastre, que les quitan todo delante de sus narices.

Entre la gente que está en la playa se encuentra el joven Adrame, de 18 años. Viene de una aldea del interior. Allí hace años que no hay trabajo. Ya no pueden plantar algodón porque no disponen de suficiente agua. Y los cacahuetes no producen ningún beneficio desde que los precios están por los suelos.

Adrame lleva ya algún tiempo vagabundeando por Dakar. Pero solo ha conseguido trabajo de peón de vez en cuando, pues no tiene parientes ni relaciones en Dakar. Sin embargo, hacen falta para conseguir empleos mejores. Por eso quiere irse a Europa.

Pero más que nada quiere irse a Europa porque le ha hablado de ello su antiguo compañero de clase Abdoulaye. Él ha tenido

ÁFRICA OCCIDENTAL Y EUROPA: UNA HISTORIA TRÁGICA

Hoy, los pescadores venden sus barcas a los traficantes de seres humanos porque ya no pueden vivir de la pesca. Son sobre todo los grandes arrastreros europeos los que capturan los grandes bancos de peces frente a las costas de África occidental.

La Unión Europea se gastó entre los años 2000 y 2006 unos 4.000 millones de euros en mantener los puestos de trabajo de la industria pesquera. Una gran parte de ese dinero correspondió a derechos de pesca, que compró a los Estados de África occidental. Allí, sin embargo, el dinero no fue, por ejemplo, a los pescadores sino que quedó absorbido en las administraciones de los países.

A ello hay que añadir que, aunque la UE paga las subvenciones para mantener los puestos de trabajo europeos, la realidad es que los pescadores utilizan ese dinero para comprar barcos más grandes y modernos. Y es muy frecuente que trabajen africanos occidentales, por bajos salarios, a bordo de los arrastreros europeos, sobre todo españoles. Dicho claramente: con ayuda del dinero de la UE se expolia a los africanos occidentales y al mismo tiempo se destruye el medio de vida de los pescadores de África occidental.

Las numerosas críticas aparecidas en los medios de comunicación han llevado a que la UE haya impuesto unas condiciones más estrictas a sus pescadores: ya no pueden capturar tanta pesca frente a la costa y deben utilizar redes de malla menos tupida para no atrapar a los «pezqueñines». De este modo debería protegerse la pesca costera de los africanos. El gobierno senegalés vendió inmediatamente a Corea los derechos de pesca frente a sus costas por más dinero, dejando sin protección a los pescadores del país.

mucho éxito allí. Abdoulaye visitó la aldea hace cosa de medio año. Llevaba una ropa estupenda, un reloj enorme, gruesas gafas de sol y al lado una gruesa mujer blanca. Era su mujer, ¡en Alemania las mujeres están esperando que aparezcan negros guapos para casarse con ellos!

–*Allah akbar* [Dios es grande]. ¡Una vez allí, todo resulta fácil! –le dijo su amigo cuando estuvieron a solas–. Consigues un empleo fijo. Yo trabajo en un McDonald's, el restaurante más grande del mundo. Vas a que te hagan rastas y te acostumbras a andar con chulería. ¿Entiendes? ¡Tienes que ser la mar de chulo! Entonces las mujeres vuelven la cabeza para mirarte. Y tú vas y escoges una –pellizcó a Adrame en el costado–. Allí hace un poco de frío, pero para eso puedes permitirte comprar toda la ropa del mundo. ¡Ves una cosa y te la compras! Trapos a la última, como dicen allí.

Cuando su amigo se marchó, la inquietud se apoderó de Adrame. Ya no le bastaba Dakar como meta, él también quería ir a Europa, él también quería ir al paraíso.

Así que lleva ya días buscando un cayuco que lo lleve a las Canarias. Mientras tanto, le da igual si la embarcación es grande o lo vieja que sea. O cuántas personas se amontonen en su interior. Lo principal es que sus 350 euros sean bastante para el pasaje. Los ha reunido con mucho esfuerzo, pidiéndolos prestados a parientes y amigos.

Pero los traficantes de seres humanos hacen un gesto negativo: una plaza cuesta de 500 a 600 euros. Estos traficantes tienen que comprar las barcas a los pescadores y pagar a un piloto experimentado y la gasolina. Además, los que están detrás del asunto y los numerosos agentes que establecen los contactos con los emigrantes interesados también quieren recibir su parte del dinero.

7 de diciembre de 2007. Mientras Adrame callejea por la ciudad en busca de un pasaje, oye un montón de cosas malas sobre la travesía y sobre el paraíso europeo.

Desde hace unos días están repitiendo día y noche por la radio breves anuncios del gobierno: «*Tukki tahul tekki*: ¡Vuestros deseos no se realizarán!». La mayoría de los emigrantes no llegan a Europa, eso es lo que quiere decir. Se ahogan o son enviados de regreso. Y si lo logran son ilegales. Tienen que aceptar trabajos basura, a menudo no les pagan, y como son ilegales no pueden ir al médico cuando se ponen enfermos.

Pero la gente de la playa dice:

–¡Eso lo dice la radio porque los europeos le pagan para que lo diga!

Hoy, en el café, uno cuenta que el gobierno ha autorizado que aviones y helicópteros europeos, así como lanchas rápidas con ametralladoras, patrullen las aguas internacionales en la frontera. Obligan a los cayucos de inmigrantes a regresar. Y al que no lo oye le disparan.

–¡Tonterías! –exclama otro–. ¡No iréis a creer que nuestro gobierno permite que unos extranjeros maten a nuestra gente!

–¡De nuestro gobierno se puede creer cualquier cosa! –interviene un tercero–. Esos nos venderían como esclavos si alguien quisiera comprarnos.

Luego se produce un largo silencio. Todos se sienten pequeños e indefensos.

Y después, Adrame oye algo que ya no se le va de la cabeza. Según dicen, muchas embarcaciones se averían a causa de las tempestades o navegan en círculo porque han perdido la orientación. Al final zozobran y todos los pasajeros se ahogan; sus cadáveres son arrojados a la costa, a Marruecos.

Adrame no puede dejar que le ocurra una cosa así. Y por eso decide ir a ver a un mago, un marabú. Los marabús son curanderos y magos. En realidad los senegaleses son musulmanes. Pero sus viejos ritos e ideas religiosas, de la época preislámica, no han desaparecido del todo. Según esas ideas, toda la naturaleza está animada; hay espíritus buenos y malos ocultos por todas partes. Pero el marabú es el único que puede verlos. Si sobre una persona o sobre un viaje se cierne un espíritu bueno, todo va bien. Si se trata de un espíritu malo, es posible que el marabú pueda expulsarlo. A veces no lo logra y entonces la persona debe renunciar a sus propósitos.

Adrame negocia largo rato con el mago hasta que llegan a un acuerdo. Los billetes cambian de manos y entonces el marabú pide consejo a los antepasados y a sus invisibles ayudantes. Bebe un líquido de aspecto muy raro que hay en una botella, se balancea de un lado para otro y empieza a poner los ojos en blanco.

Luego bendice a Adrame mientras pronuncia un conjuro, le pasa las manos por la cabeza y le rocía la cara con un poco del líquido. Finalmente, el marabú murmura algo que Adrame solo entiende a medias:

–Vosotros... alcanzaréis... vuestra meta... pero... ¡ay...! mucho tiempo... sombras sobre vuestra barca... os acosan... proteger... algo que reluce...

¿Proteger... algo que reluce? Adrame pretendía preguntar lo que el marabú quería decir con aquello. Pero este se despierta de su trance y no dice más que:

–¡Ahora vete, estoy cansado!

¿Tiene que proteger algo que reluce? ¿O tiene que protegerse él con algo que reluce? Adrame se pasa la mitad del día deambulando por la ciudad, hasta que ve el chaleco rojo de forro polar en el tenderete de Aisha: quizá sea esa la señal.

El muy ingenuo le dice a la vendedora:

–¡Parece un chaleco mágico!

–Sí –dice ella–, es de un material que no deja que pase la humedad. El agua no lo puede calar, y tampoco sudas. De verdad que este chaleco tiene poderes mágicos... Bien pensado, 130 francos (dos euros) son muy poco.

Ahora le toca a Adrame replicar:

–Entonces ¿por qué no lo ha comprado nadie aún? A lo mejor tiene una maldición. Y tampoco es muy bonito que digamos.

Adrame despliega el chaleco.

–¡Anda, pero si hasta tiene una mancha muy grande!

–¡De acuerdo, 130 francos! –dice rápidamente Aisha–. Precio especial. ¡Dame el dinero!

Y así, finalmente, el chaleco cambia de dueño.

Capítulo 9

Unos tienen sed y otros no: el momento de la verdad en la playa de Tenerife

14 de diciembre de 2007. Después de la puesta de sol, los emigrantes se reúnen en la playa. Por fin hoy se marchan. Adrame, tras ser rechazado incontables veces con sus 350 euros, ha sido aceptado al final por un traficante de seres humanos.

–Pero no esperes lujos de mí. Llega justo para la barca y la gasolina –le dijo aquel tipo, de aspecto peligroso.

Luego, durante unos días no ocurrió nada. Adrame fue a la playa todas las tardes a buscar al traficante.

–¡Hoy no! ¡Quizá mañana! –le replicaba.

Ya dos veces se habían congregado en la playa al caer la tarde. Pero el traficante dijo que el tiempo era demasiado malo. Cuando las olas superan los dos metros de altura, en un cayuco no se tiene ninguna oportunidad.

Pero de hoy no pasa. El traficante recauda el dinero. Y todos los documentos y papeles para quemarlos.

–¿No hay más papeles que estos? Como uno solo lleve encima un documento, estamos todos perdidos. Si os atrapan en aguas internacionales, no podéis llevar encima ningún documento. Decid vuestros nombres, pero no de dónde sois. Así no podrán mandaros de vuelta a Senegal. Eso está prohibido. Pase lo que pase en las próximas horas, mantened el pico cerrado. ¡Tenéis que llegar a aguas internacionales!

¿CÓMO LLEGA A EUROPA UN SENEGALÉS?

Un senegalés tiene tres posibilidades para venir a Europa:

1. El método más seguro es casarse con una europea. Pero ¿cómo conocer a una europea? Solo unas pocas van a Senegal como turistas dispuestas a casarse. De modo que primero hay que estar en Europa para poder ir en su busca.

2. El método más barato no es utilizar como medio de transporte una barca de pesca, sino el avión. Hay billetes Dakar-París desde 300 euros. De todas formas, para ello se necesita un visado. Para engañar a los funcionarios senegaleses basta un visado falso. Pero luego, en París, no sirve de nada y uno es enviado de vuelta.

3. El método más peligroso y más caro es atravesar el Atlántico en un cayuco, es decir, conseguir que un traficante de seres humanos lo transporte a uno ilegalmente.

Hasta 2006, la ruta principal de los emigrantes africanos era llegar a España por el estrecho de Gibraltar. Cruzaban el Sáhara hasta la costa marroquí; en muchas ocasiones hacían a pie buena parte del trayecto.

Pero desde 2006 hay un control más riguroso y los marroquíes actúan con mano dura. Golpean a los emigrantes, los meten en un autobús y simplemente los abandonan al otro lado de la frontera, en medio del desierto. Por eso, las nuevas rutas de emigración evitan ahora Marruecos. La ruta oriental pasa por Libia y cruza el Mediterráneo hacia Italia o Grecia. La ruta occidental sale de la costa de Mauritania o de Senegal para salir al Atlántico en dirección a las islas Canarias.

Un viaje así dura cuatro o cinco días y cuesta unos 600 euros. El precio depende de los servicios que ofrezca la embarcación: casco de madera o de acero, rendimiento del motor, equipo de navegación a bordo y cosas similares.

Antes, los jóvenes senegaleses solo contaban con los relatos de sus amigos y conocidos. Hoy, muchos se informan por internet. En la red, además de «viajes normales», se ofrecen travesías ilegales. Pero en internet también se puede uno informar acerca de las condiciones meteorológicas en el

Atlántico: ¿en qué dirección sopla el viento? ¿Hay en los próximos días amenaza de tormentas o de harmatán, el viento que arrastra tanto polvo de la arena del Sáhara que no se ve nada?

Pero también el otro lado se ha pertrechado: la Unión Europea ha creado Frontex, el Servicio de Fronteras Exteriores común. Con aviones de reconocimiento, helicópteros y patrulleras, localizan los cayucos de emigrantes en las costas de África occidental y les impiden llegar a aguas internacionales.

Su amigo le ha aconsejado que examine antes la barca con detenimiento. ¿No tiene grietas? ¿Tiene un buen motor y suficiente gasolina? ¿Lleva a bordo un sistema de navegación con el que pueda encontrar el lugar al que se dirige? Pero ¿cómo va a averiguar eso Adrame?

Ya ha anochecido y solo en el último momento los conducen a bordo. El traficante tiene un aire extremadamente brutal y lleva un gran cuchillo metido en la cintura del pantalón. Además, a Adrame le ha rebajado el precio de la travesía. Si ahora se pone a hacerle preguntas, seguro que lo echa y se queda con su dinero. De modo que no se fija en nada, sino que sube a bordo y se apretuja contra los otros 62 emigrantes.

Adrame está sentado en la parte delantera de la barca. No es un buen sitio, pero por lo que ha pagado no puede exigir más. Cuando la embarcación lucha por atravesar la rompiente, se mojan sobre todo los que van delante. Pero Adrame lleva el chaleco rojo. Después, cuando la espuma salpica constantemente el cayuco, también lo mantiene seco su «chaleco mágico».

En cuanto han dejado atrás la resaca de la playa, el piloto da nuevas instrucciones:

–El que le birle a otro agua potable o dinero será arrojado por la borda. Bebed solo un vaso de agua por la mañana y otro por la tarde. Si no, la provisión que lleváis no alcanzará y además tendréis que mear con demasiada frecuencia. Mear y otros asuntos, eso lo tenéis que hacer por encima del costado de la barca. Que os agarren los de al lado para que no os caigáis. Y nada de mear contra el viento. Y si Alá quiere, lo lograremos.

*

15 de diciembre de 2007. Al salir el sol Adrame se da cuenta de que ya no se ve la costa. No hay más que agua. Es una sensación muy rara. Adrame mira a su alrededor: muchos hombres jóvenes, algunas muchachas.

Junto a él está sentado un hombre viejo. Viejo no según los criterios europeos, sino los africanos. Tiene 53 años, y en su rostro han dejado profundos surcos las numerosas fatigas y decepciones de la vida. ¿Por qué emprende un viaje tan agotador un hombre de su edad?

–¿Por qué te has metido en esto? –le pregunta Adrame.

–Ah, ya ves, todos piensan que soy demasiado viejo. Que no lo resistiré. Pero tengo más resistencia que todos vosotros juntos. He estado 40 años trabajando y he sobrevivido a varias hambrunas. Todos mis hijos viven ahora en la tierra prometida, en Francia. Mi mujer murió el año pasado de fiebre amarilla. Ningún médico quiso venir. En Francia eso no hubiera ocurrido.

»Cada mañana, al despertarme solo, me siento como si estuviera muy enfermo. Cada noche, al irme a dormir solo, es como si me muriera un poco. Por eso tenía que marcharme. Y si me muero mientras voy a reunirme con mis hijos, pues muy bien. Yo ya he vivido.

»Pero todos los que estáis aquí tenéis toda la vida por delante. Y por eso Alá tiene que tener consideración y guiar la mano de nuestro piloto...

16 de diciembre de 2007, en el Atlántico.

–¡Allí! –grita Adrame, sobresaltado–. ¡Allí hay algo! –dice a su vecino.

–No, no hay nada. No, no –le contesta tranquilo el otro.

Todos se lo han advertido. Estás siempre viendo tierra o montañas altas. Pero no es más que alguna nube baja o la cima de una ola alta. Son espejismos. Cuanto más agotado estás, más frecuente es que veas cosas extrañas.

Se pasan horas cantando. Una y otra vez la misma salmodia adormecedora:

–Huh-hohoho-hu... pronto llegaremos. Huh-hohoho-hu... a la hermosa Europa...

Y a alguno se le ocurre una nueva estrofa:

–Huh-hohoho-hu... ¡Cuidado, hombres blancos, huh-hohoho-hu... pronto comeremos de vuestros platos!

Se produce una risa liberadora.

Pero uno canta algo muy emocionante:

–Huh-hohoho-hu... ¿Volveremos a ver nuestros pueblos?

¿Qué será de mis padres, quién cuidará de mis hermanos? Huhhohoho-hu... Alá, ¿qué vas a hacer con nosotros?

Entonces las mujeres se echan a llorar y los hombres miran fijamente al mar.

El chaleco protege bien a Adrame de la espuma y del frío nocturno. Pero lo de que no iba a sudar durante el día no es cierto, por desgracia. Le da un calor espantoso. Y el sol le empieza a quemar la cara.

17 de diciembre de 2007, en las primeras horas de la mañana, frente a la costa de Mauritania, una zona del mar donde se considera que el pescado es especialmente abundante.

Durante toda la noche van y vienen los arrastreros. Uno de ellos es el *Alhambra*, de España. Miguel, su piloto, sigue en el radar los grandes bancos de peces, pero no ve las embarcaciones pequeñas. Esos condenados peces, piensa, están unas veces aquí y otras allá, se vuelven a sumergir y se escapan o se acercan a la costa, donde hay poca profundidad.

Pero ahora Miguel tiene en pantalla un gigantesco banco que se mantiene en una dirección, tan tranquilo. ¡Puede que sean sardinas! Pone rumbo hacia él y sin querer va derecho hacia el cayuco en el que viaja Adrame.

En él, la gente dormita. Miguel mira hacia arriba en el momento en el que los primeros rayos de sol brillan en la superficie del mar. Algo rojo emite destellos a lo lejos, como una boya luminosa. ¡Cuidado! Miguel da un golpe de timón. Esa ligera corrección del rumbo hace que el arrastrero pase a unos pocos metros del cayuco. Miguel reconoce en la luz del amanecer el casco del cayuco, una embarcación sin luces de posición.

–¡Esos condenados africanos! –exclama Miguel en un primer momento. Pero luego ve todas aquellas cabezas a bordo. ¡Caramba, otro vendedor de almas! Miguel se santigua y se arrepiente de haber soltado esa maldición. Da las gracias a la Virgen por ser español.

También atrás, en la red del arrastrero, los miembros de la tripulación olvidan por un momento su trabajo. Allí fuera, en cubierta, trabajan solamente negros: senegaleses y mauritanos. Por un instante todo el mundo guarda silencio y los africanos contemplan caras africanas.

Nadie saluda a los otros, nadie dice una palabra. ¿Por qué? No hay nada que decir; pocas veces en la vida es todo tan claro e inequívoco. Los hombres del arrastrero ya hicieron en su día el viaje más peligroso de su vida y saben que muchos morirán en el intento. Y a pesar de todo no podrían convencer a ninguno de los emigrantes de que renunciasen a su propósito.

Por su parte, los emigrantes ven a unos compatriotas que viven y trabajan como esclavos. Piensan: si sobrevivo a esta maldita travesía, jamás volveré a poner los pies en una barca. Y mucho menos en un arrastrero, donde tengo que matarme a trabajar haga el tiempo que haga. Los hombres que están a bordo del arrastrero saben que eso es lo que están pensando los emigrantes. Pero saben algo más: cuando uno está en Europa se da cuenta de que esto no es Jauja. No tiene nada que ver con lo que nos contaron en casa. Sin papeles, sin trabajo, si acaso de peón para recoger la cosecha... En un arrastrero por lo menos tienes tu propia litera y un empleo fijo que nadie te disputa.

Pero cuando han acabado de pensar estas cosas ya hace un rato que el cayuco ha desaparecido en la semioscuridad. Se miran. Tampoco ahora dice nadie una palabra. ¿Para qué? Poco a poco reanudan su trabajo.

18 de diciembre de 2006, en algún lugar del Atlántico. Hace cuatro días que no han comido casi nada y también sus exiguas reservas de agua se acabaron hace 48 horas. Adrame está tan debilitado que pierde el conocimiento repetidamente.

El hombre mayor que está a su lado es el único que no se queja.

–Yo me he matado a trabajar durante 40 años. He hecho de

todo. No hay en nuestro continente ningún cochino trabajo que yo no haya hecho. Excepto verdugo o presidente del Gobierno. Ahora veo el mundo aquí sentado. Es estupendo.

Adrame tiene la impresión de que el piloto ha perdido la orientación. Hace funcionar el motor solo de vez en cuando e intenta una y otra vez determinar la dirección mediante las corrientes.

Pero algún tiempo después también el hombre mayor se queda pensativo:

–Adrame, tienes que prometerme dos cosas, por si termino el viaje antes que vosotros... Voy a darte mi talismán, este amuleto que siempre llevo colgado del cuello. Si encontraras a mis hijos, dáselo. Si no, se lo das a tus hijos. Y aquí, en mi bolsa, está mi traje de fiesta. Quiero llevarlo puesto cuando me echen al mar y flote entre hermosos delfines y ballenas. ¿Me lo prometes?

–Ssssí –susurra Adrame. Más no puede decir.

Diciembre de 2007, fecha exacta desconocida, en algún lugar del Atlántico.

¿Llevan cuatro o seis días de viaje? Adrame ya no puede decirlo con seguridad. Y además le da lo mismo. Le duele horriblemente el trasero. Lleva todo el tiempo sentado, tan apretujado que ni siquiera ha podido pasar el peso de un lado a otro.

Curiosamente, no tiene hambre. Pero en cambio le abrasa el gaznate de lo seco que lo tiene. Ya hace mucho que no hay agua potable. Alrededor de ellos hay millones de litros de agua..., de agua salada. Y tiene la boca tan seca que ni siquiera siente la lengua. Por poco se la corta de un mordisco...

Hace mucho que deberían haber llegado. Estaba previsto que la travesía durara seis días. Pero desde la pasada noche el piloto ya no pone en marcha el motor. Probablemente no queda gasolina. Pero nadie se atreve a preguntar. De vez en cuando alguien gime o se lamenta.

*

21 de diciembre de 2007, Tenerife, playa de las Américas. ¡Por fin vacaciones! El inglés Steve Miller se recuesta en su tumbona. Como es mecánico de automóviles, no es muy frecuente que pueda permitirse unas vacaciones. Pero una vez al año disfruta con su mujer de unos días de sol y del ambiente del bar del hotel. Es casi Navidad y hay una región en la que el tiempo es lo bastante cálido: las islas Canarias.

Anoche se le hizo muy tarde en el bar del hotel. Después, en algún momento y de alguna manera, consiguió llegar a su habitación. Pero esta mañana su mujer no tuvo compasión de él y lo despertó antes de las nueve.

–¡Venga, que nos vamos a quedar sin desayunar! Luego puedes seguir durmiendo todo el día en la playa.

–¡Esta noche me voy a acostar antes! –gimió él. Pero eso no se lo creyeron ni su mujer ni él mismo. En la playa se pasa tres horas durmiendo en la tumbona.

A la misma hora, más de 60 kilómetros al sudoeste, todos los emigrantes continúan sentados, apáticos. Tienen la cara quemada por el sol. En cierto momento, Adrame ya solo oye gemidos. Están demasiado débiles para lamentaciones...

Desde hace unas horas, Adrame se pregunta si el hombre mayor que está junto a él está vivo todavía. Hace mucho que no se mueve, ni siquiera se queja. ¿Se mueven mientras duermen los hombres mayores extenuados? No quiere tocarlo. Si en efecto está durmiendo, no quiere despertarlo. Y si está muerto, ya no puede hacer nada por él...

Y entonces ve algo en el horizonte.

Pero, por las barbas del profeta, sabe muy bien que no son más que malditas olas o malditas nubes y malditos espíritus que los extravían.

22 de diciembre de 2007, playa de las Américas. Steve se deja caer de nuevo en la tumbona y resopla ruidosamente: ¡pffff! Hoy se siente mejor.

Abre y cierra los ojos varias veces seguidas. Efectivamente, siguen estando el mar delante de él y su mujer, su novela policíaca y la crema solar a su lado. Se da un breve chapuzón y se vuelve a echar en la tumbona. Solo que no progresa mucho con la novela policíaca. Después de una página se queda dormido otra vez.

Después deja el libro a un lado y recorre el horizonte con la mirada. No se ve más que agua azul oscuro, nada más que el mar: interminables masas de agua que se encrespan una y otra vez con una cresta de espuma. Y todo sigue así: nadar un rato, una página de la novela, dormir otro rato y curiosear un poco alrededor. En un momento determinado de la tarde divisa un punto en el horizonte. Será una barca.

Echa otra cabezada, se despierta sobresaltado y examina de nuevo el horizonte. La barca sigue allí; se acerca muy lentamente, parece que va a la deriva. Ahora puede que sea un pequeño bote. Quizá se trate de pescadores del país, que han echado las redes. Pero al cabo de un cuarto de hora ve claramente unos puntitos muy pequeños por encima de la borda.

–Oye, dime una cosa, esa barca que se ve allí –su mujer lo arranca de su observación– no será...

–¡... un cayuco con inmigrantes! –él termina la inquietante frase.

Cuanto más se aproxima la barca más se confirma: 40, 50, tal vez 60 personas acurrucadas en un cayuco africano. En esa cáscara de nuez han venido desde África, cruzando el Atlántico...

Al parecer se les ha terminado el combustible para el motor. Los que todavía tienen fuerzas reman con tablas de madera para salvar el último trecho hasta la costa.

Entre tanto, los demás bañistas también han descubierto la barca. Ninguno continúa leyendo o jugando a la pelota; todos están pendientes de lo que va a pasar, tensos y preocupados.

Unos cincuenta metros antes de llegar a la playa empieza la resaca; la embarcación se balancea impotente en las olas. Algunos de los inmigrantes se tiran al agua y, aterrados, tratan de impulsarse con los brazos. ¡Es probable que no sepan nadar!

Se lanzan al agua los primeros bañistas a salvar a los indefensos inmigrantes. Steve está aún demasiado entumecido por llevar tanto rato tumbado como para arrojarse a las olas y arrastrar a tierra a uno de esos hombres. Pero tiene allí su cámara de vídeo y sin pensárselo dos veces la saca de la bolsa de playa y la pone en funcionamiento. La verdad es que quería grabar puestas de sol, a su mujer y a los surfistas para una pequeña velada de cine en su casa...

Sin embargo, ahora graba algo que le conmueve profundamente.

Algunos bañistas son nadadores expertos; alcanzan a los inmigrantes que se mueven en el agua presa del pánico, los agarran por debajo de los brazos y los llevan a la orilla.

Otros inmigrantes han llegado por sus propios medios hasta las rompientes, allí los sostienen y los ayudan a salir del agua. Los primeros que han llegado se desploman en la playa. Ya no les quedan fuerzas ni para alegrarse por haber llegado. Tienen una expresión ausente, pero en sus ojos se percibe puro miedo: aún no pueden creer que se hayan librado por poco de morir. A la mayoría de ellos les tiembla todo el cuerpo.

Entre tanto se han acercado casi todos los bañistas con toallas y botellas de agua. Los turistas les dan de beber y les ponen las toallas debajo de la cabeza a modo de almohada.

Y luego la cámara capta a un inmigrante muy joven que lleva un chaleco rojo. También él está tiritando. Aun así se arrodilla y trata de rezar. Extiende un poco los brazos hacia delante, como hacen los musulmanes, y sin duda está agradeciendo a Alá que hayan podido sobrevivir.

Poco a poco van llegando ambulancias y la guardia costera, y los turistas regresan pensativos a sus hoteles. Ya no están de humor para tomar el sol ni para bañarse.

Por la tarde entra un hombre en el bar del hotel y se dirige a Steve.

–Soy de la televisión inglesa, de la BBC. ¿Ha grabado usted esta mañana a los inmigrantes? ¿Qué quiere usted por las tomas?

–¿Que qué quiero por ellas?

–Sí, puedo ofrecerle quinientas libras si nos cede la cinta y todos los derechos.

Steve piensa por un momento en todo lo que se podría hacer con quinientas libras y luego contesta:

–Yo no quiero quinientas libras. ¿Qué tal una cerveza?

–¿Una? ¡Por mí, estaría bebiendo toda la tarde!

Pero ni siquiera la cerveza sabe tan bien esta tarde. Steve quería olvidarse del mundo y relajarse. Pero hoy en día eso no es tan fácil. Hasta en un lugar tan apartado como las islas Canarias nos alcanzan los problemas de este mundo.

Capítulo 10

Perspectivas: cómo podemos cambiar entre todos el final de este relato

15 de marzo de 2008. Esta tarde tengo que mandar a la editorial el resto del relato. Después queda el tiempo justo para corregir pruebas, añadir las imágenes y maquetar (composición del texto y las imágenes), y luego, a la imprenta. Esta, en la mayoría de las editoriales, ya no se encuentra en la misma ciudad, ni siquiera en Alemania, sino en Italia, Eslovenia o incluso en la India o China. De todas maneras, este libro sí se va a imprimir en Alemania.

¿Y qué pasó después con Adrame y el chaleco? Antes de llegar a esa pregunta aún habría que decir una cosa, si bien la mayoría de los lectores de este libro seguro que ya lo han pensado. Esto es un relato y no un reportaje. Pero mi chaleco rojo existió de verdad. También he conocido en mis numerosos viajes como periodista las regiones del mundo en las que tiene lugar esta historia. Y he comprobado con exactitud todos los pasos de la narración, desde la extracción del crudo hasta el itinerario de los inmigrantes a las islas Canarias, pasando por la fabricación en Bangladés. ¿Qué profundidad tiene la bocana del puerto de Dubái? ¿Cómo se llama la calle que hay delante de la estación de Chittagong? ¿Cuántas pausas se concede a las trabajadoras de las fábricas de tejidos en Dhaka? ¿Cómo se pilla una plaza en un cayuco de emigrantes? Y así sucesivamente.

Creo que las cosas podrían haber sucedido en la realidad tal como las cuento. Pero, como no tenía ni el tiempo ni el dinero necesarios para seguir el largo camino de mi chaleco durante dos años y medio, tuvo que ayudarme un poco la fantasía. Por otra parte, yo quería escribir un relato al final del cual uno se preguntara: y ahora ¿cómo podría continuar la historia?

Y para saberlo volvemos a Adrame. ¿Qué habrá sido de él después de desembarcar en Tenerife? Las autoridades españolas no dan información sobre la suerte de cada uno de los inmigrantes. Sobre todo sabemos poco de los que logran llegar a Europa. En los periódicos y en los informativos de la televisión apenas se dice nada de ellos. No obstante, en el año 2006 no menos de 30.000 africanos llegaron en pequeñas barcas de pesca a la puerta de entrada de su paraíso. Aunque el aumento de las patrullas ha tenido como consecuencia que en el transcurso del año 2007 la cifra de emigrantes en cayuco se haya reducido a la mitad, son todavía unas 1.000 las personas que cada mes llegan a las islas. ¿Qué pasa luego con ellas?

Por los informes del gobierno regional y los medios de comunicación españoles podemos por lo menos enterarnos de todo esto: los inmigrantes son llevados primero a centros de internamiento ubicados en el interior de las islas o incluso de la península. Por disposición del gobierno central, pasados exactamente 14 días, se les pone en libertad: salen al mundo libre como personas libres.

De todos modos, para conseguir documentos válidos tienen que presentar una solicitud de asilo. Además tienen que poder probar que son perseguidos en su país, pues de lo contrario no se les concede el asilo. Pero a la mayoría de ellos solo los persigue la pobreza, que no se considera motivo para la concesión de asilo.

Y por eso muchos acaban en situación de ilegalidad. Viven en casas deterioradas o en casuchas que se levantan ellos mismos en el campo; trabajan en negro, es decir, sin pagar impuestos ni la seguridad social, como obreros de la construcción, pinches de cocina o peones para recoger cosechas. Pueden estar contentos si el jefe les paga sus bajos salarios, ya que son ilegales: personas que no tienen ningún documento para demostrar quiénes son.

¿Y qué fue del protagonista de este libro, el forro polar rojo? Después de aquella tortura, seguro que ha llegado al fin de su vida. Ha podido ir a parar a un contenedor de reciclaje y emprender de nuevo un pequeño viaje por el mundo como materia prima. Pero en las islas Canarias todavía no se reciclan muchos materiales que valgan para algo. Aunque allí también hay muchos contenedores de recogida de distintos colores, la gente se resiste a colaborar. Es más probable que el chaleco se pudra en un vertedero o que lo hayan incinerado. Como está compuesto de carbono, al incinerarlo se libera a la atmósfera una enorme cantidad de dióxido de carbono, causante del efecto invernadero.

A lo mejor Adrame ha cortado un trocito del chaleco que lo condujo a la libertad. Y ha colgado ese trocito del amuleto del hombre mayor. Yo también podría reconocerlo por ese trocito rojo si volviera a verlo dentro de poco en Tenerife o Gran Canaria, en Madrid o Barcelona, en Nápoles o Marsella.

Tal vez haya salido adelante en una de esas ciudades como vendedor ambulante. Según el tiempo que haga, venderá gafas de sol o paraguas a nacionales y turistas como nosotros. Las gafas de sol vienen de China. Son bonitas, pero sus cristales no tienen protección contra los rayos UVA. Pero para los compradores, el aspecto y el precio son más importantes que una seguridad costosa y que unas buenas condiciones de trabajo en la fabricación de las gafas. Cuando llueve, Adrame vende paraguas: vienen asimismo de China, cómo no. Están hechos de una manera muy simple y en su mayoría no sobreviven al primer chaparrón. Pero por cinco euros bien puede uno comprarse otro nuevo...

*

¿Tiene que acabar así el relato? ¿Es necesario que compremos artículos baratos y malos, fabricados y vendidos por personas que no pueden vivir decentemente de ello? ¡No, no tiene que ser así necesariamente! Podemos hacer que algunas cosas cambien.

Tenemos que presionar a nuestros políticos para que jueguen limpio en su política comercial. Exigimos a otros países que abran sus mercados y respeten las reglas del mercado, pero nuestros países tienen que hacerlo también. Aun cuando con ello algunos sectores tengan más competencia y se encuentren con dificultades, como los agricultores y los pescadores.

Hay que exigir juego limpio, como en el deporte. ¿De qué serviría ganar un partido de fútbol si solo se dejara participar al adversario con cinco jugadores en vez de once? Igualmente, tenemos que desarrollar reglas justas para el mercado global, puesto que la globalización significa también que no podemos hacer como si los problemas de los demás continentes no nos afectaran. Así pues, ¡a informarse y a protestar!

Pero también los consumidores tenemos que hacer nuestros deberes. Es preciso que reconozcamos por fin que cada vez que hacemos algo, sobre todo cada vez que compramos algo, estamos contribuyendo a determinar en qué mundo vivimos.

Al decidirnos por un producto y no por otro, estamos decidiendo al mismo tiempo qué artículos y qué empresas obtienen beneficios, qué país puede exportar más mercancías, en qué condiciones trabaja la gente en ellos...

Los consumidores siempre creemos que el poder lo tienen únicamente unos cuantos políticos y estadistas que viajan por el mundo y van de una conferencia a otra en helicópteros y lujosas limusinas blindadas. Pero en el futuro tendremos todos juntos, con nuestros pequeños carros de supermercado o comprando en internet con un clic del ratón, mucha más influencia que bastantes políticos.

Por ejemplo, mi chaleco de forro polar. Yo hubiera podido informarme antes de algunas cosas: ¿de dónde procede, en qué condiciones ha sido fabricado? ¿Cuánta energía se gastó para hacerlo, cuántos residuos se generaron y cuántos se generarán?

Los grandes almacenes y cadenas comerciales nos suministran los artículos que queremos: unos artículos que son baratos y con los cuales nadie se preocupa por las condiciones en que se fabrican, ni en lo que se refiere a las personas ni al medio ambiente. Deberíamos pasar sin ese par de zapatos tan modernos, sin esos pantalones tan guays o sin el chaleco de forro polar a precio de ganga, al menos hasta que esas prendas sean producidas de una manera social y ecológicamente sostenible.

Sea como fuere, me he propuesto firmemente que la próxima prenda que me compre para estar calentito mientras trabajo sea otra vez un chaleco de forro polar de Bangladés, pero un chaleco que haya sido producido en condiciones justas. Solo que esta vez tiene que ser de otro color. Marrón o gris sería estupendo, quizá también azul o beis...

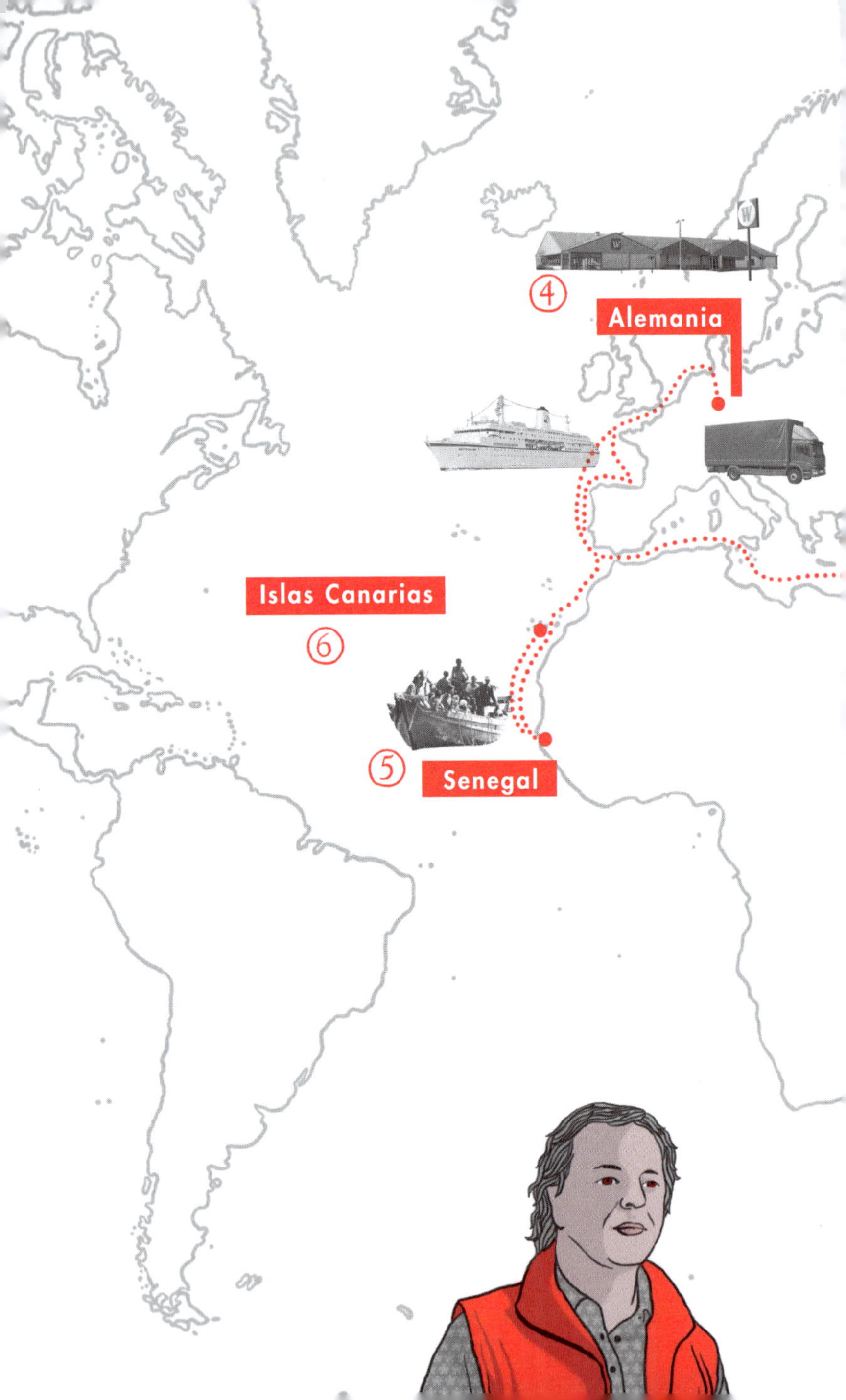
4
Alemania
Islas Canarias
6
5
Senegal

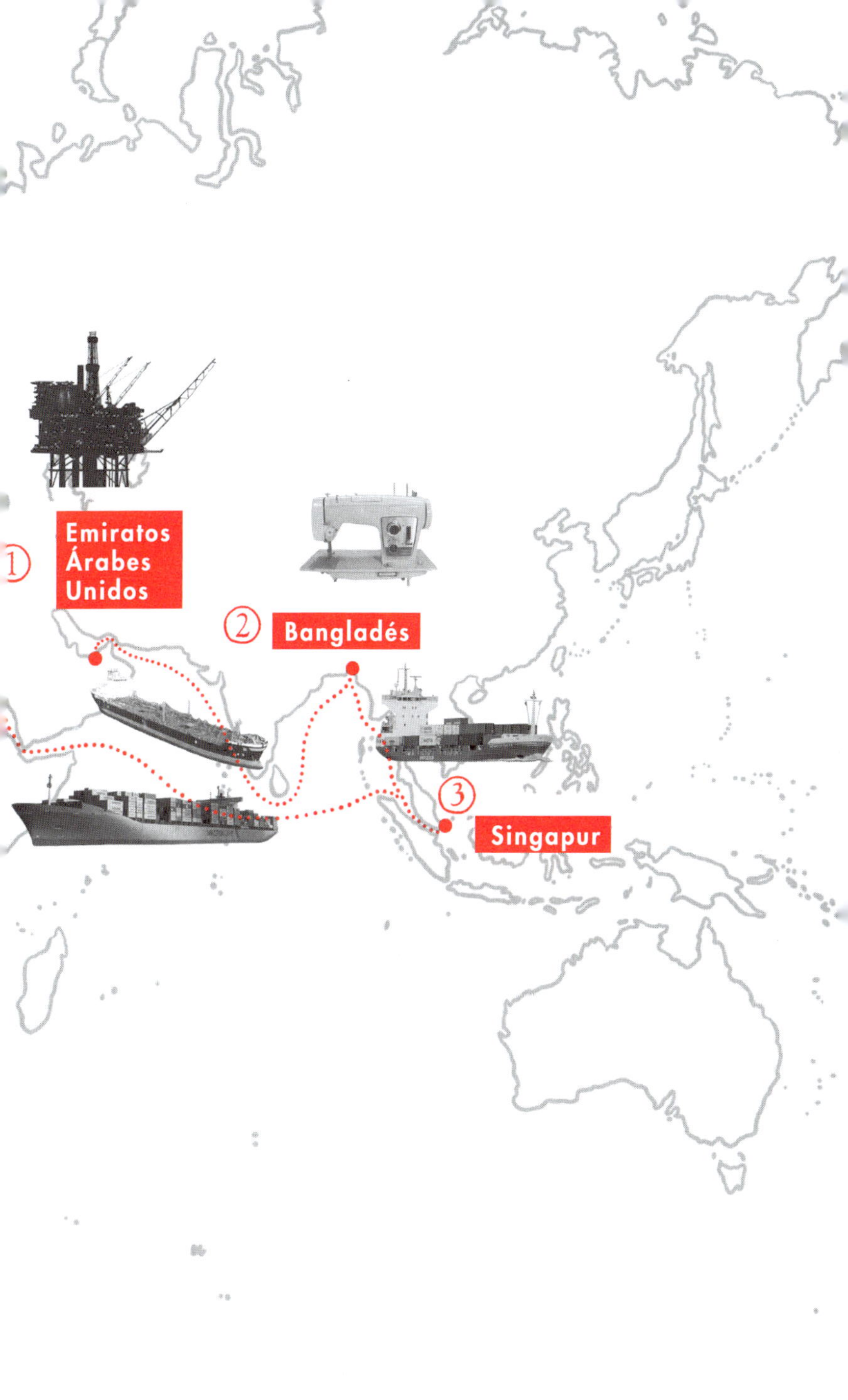

1
Emiratos Árabes Unidos
2
Bangladés
3
Singapur

Nos Gusta Saber

1. 70 PREGUNTAS CURIOSAS SOBRE EL MUNDO QUE NOS RODEA Y SUS ASOMBROSAS RESPUESTAS
Ariane Hoffmann, Verena von Keitz, Thomas Liesen, Katja Nellissen y Sascha Ott

2. EL FANTÁSTICO VIAJE AL BIG BANG
Jürgen Teichmann

3. ¡EXPLORA!
Deborah Kespert

4. ¿POR QUÉ HAY TODO Y NO NADA?
Richard David Precht

5. EL DIABLO DE LOS NÚMEROS
Hans Magnus Enzensberger

6. EL FUTURO EXPLICADO A LOS NIÑOS
Giovanni Bignami, Cristina Bellon

7. ¡EUREKA!
Dr. Mike Goldsmith

8. LA VUELTA AL MUNDO DE UN FORRO POLAR ROJO
Wolfgang Korn

9. LA VERDAD SOBRE EL AMOR
Philip Ardagh

10. EXPEDICIÓN MICROSCOPIO
Gerald Bosch

11. BIENVENIDOS A LA COCINA
Inés Ortega

12. DIEZ PLANTAS QUE CAMBIARON EL MUNDO
Gillian Richardson

13. EL MAESTRO INVITA A UN CONCIERTO
Leonard Bernstein

14. EL LIBRO DE LOS ANIMALES MISTERIOSOS
Lothar Frenz

15. ¿QUÉ PASA EN TU CABEZA?
Sara Capogrossi, Simone Macrì

16. ¡GENIOS!
Deborah Kespert

17. ¡QUÉ RICO!
Sabine Jaeger, Hermann Schulz

18. EL TERCER CHIMPANCÉ PARA JÓVENES
Jared Diamond

19. PEQUEÑA HISTORIA DE LA ECONOMÍA
Davide Ciferri, Stefano Di Colli

20. 10 RÍOS QUE TRANSFORMARON EL MUNDO
Marilee Peters

21. EL PACIENTE CERO
Marilee Peters

22. ¡ARTE!
Mary Richards

23. ¡FÚTBOL! MUCHO MÁS QUE UN JUEGO
Pablo Nacach

24. EL LIBRO DE LAS RELIGIONES
Jostein Gaarder, Victor Hellern, Henry Notaker

25. HISTORIA DE LA MÚSICA PARA NIÑOS
Monika Heumann, Hans-Günter Heumann

26. HISTORIA DEL ROCK
Jordi Sierra i Fabra

27. ELECTRICIUDAD
Enrico Maraffino

28. 44 ESCRITORES DE LA LITERATURA UNIVERSAL
Jesús Marchamalo

29. LA DETECTIVE DEL ADN
Tanya Lloyd Kyi

30. OJOS Y ESPÍAS
Tanya Lloyd Kyi

31. FÓSILES Y DINOSAURIOS
Dino Ticli

32. ¿QUIERES SER PERIODISTA?
María Solar, Luis Fraga

33. 10 GRANDES RUTAS DEL MUNDO
Gillian Richardson

34. UN VIAJE A TRAVÉS DEL ARTE
Aaron Rosen

35. ABUELO MAMUT
Dieter Böge

36. QUIERO SER CIENTÍFICO
Elena Gatti

37. LA ERA DE LOS DINOSAURIOS
Steve Brusatte, Daniel Chester

38. EL MANUAL DEL INVESTIGADOR CIENTÍFICO
Massimo Picozzi

39. TRANSPORTES ASOMBROSOS
Tom Jackson, Chris Mould

40. NIÑOS ARTISTAS
David Stabler

41. PLANTAS Y ANIMALES TERRIBLES
Dino Ticli

42. EL MUNDO DE LOS ANIMALES
Desmond Morris

43. ¡TENGO DERECHOS!
Joanna Olech, Edgar Bąk

44. PALMERAS EN EL POLO NORTE
Marc ter Horst, Wendy Panders

45. LAS 20 BATALLAS QUE CAMBIARON EL MUNDO
Sergio Valzania

46. NIÑOS CIENTÍFICOS
David Stabler

47. LA VUELTA AL MUNDO DE UNAS ZAPATILLAS DE DEPORTE
Wolfgang Korn

48. EXPLORADORES DEL ARTE MODERNO
Alice Harman

49. LOS ANIMALES POR DENTRO
Jan Paul Schutten

50. PIENSO, HABLO, PUBLICO
Carlota Cubbedu, Federico Taddia

51. EL MUNDO DE BAC
Fabio Piccini, Sonia Savini

52. MODA SOSTENIBLE
Sarah Klymkiw, Kim Hankinson

53. 100 NIÑOS
Christoph Drösser

54. EL PODER DE HEKA
María Espejo

55. HISTORIAS DE ASTRONOMÍA
Gertrude Kiel

56. ARQUEÓLOGOS POR ACCIDENTE
Sarah Albee

57. HÉROES DE LA CIENCIA
María José Sánchez, Victoria Simó

58. ANATOMÍA DE KAY
Adam Kay

59. NIÑOS ACTIVISTAS
Robin Stevenson

60. EL LIBRO DE LAS BICICLETAS
Paul de Moor

61. MINERALES, GEMAS, ROCAS Y FÓSILES
Emanuela Busà

62. MONA LISA Y COMPAÑÍA
Alice Harman

63. ANIMALES DIVINOS
José Juan Picos

64. PEQUEÑO DICCIONARIO DE POLÍTICA
Daniele Aristarco